創発学級のすすめ

自立と協同を促す信頼のネットワーク

蘭 千壽・高橋知己
Chitoshi Araragi & Tomomi Takahashi

ナカニシヤ出版

はじめに

「思わずはっと息をのんでしまうことがある」。

多くの教師が語ってくれた、そんな瞬間は頻繁に経験していることでもないらしい。それは不意に訪れる。授業中だったり、活動している最中だったりと。それまでは、どちらかというと、いやいやながらだったり、教師からの指示待ちだったりしていたはずなのに、子どもたちの中にあるスイッチが入ったかのように生き生きと活動し始める瞬間があるのだ。だれかは指示を出し、別のだれかは懸命に考え、活動に没頭するものもいる。学級集団はときに教師の意図を超えて、ダイナミックな動きをみせる。子どもたちの力はすごい、そう思える瞬間がある、という。

学級は動的な集団である。多様な個人としての生徒たちや教師、取り巻く社会的な状況が交絡するダイナミズムの中で、学級経営は営まれる。学校は社会の写鏡だ、といわれる由縁だ。これまでの学級集団研究は、集団を効率的に運営するための方策やリーダーとしての教師の指導のあり方に研究の重点がおかれてきた。これは教育管理運営面からの要請であり、高度経済成長時代の要請でもあった。

現代では、知識基盤型社会の教育が求める個人の自由で主体的な活動を育成するためには、管理的な集団指導のみを想定することはできない。では、どのように指導すれば集団としての秩序を保ちながら、生徒個人が個性を発揮でき、主体的な活動を構築していくことが可能となるのだろうか。これは、わが国教育界の大きな関心事であるとともに、現代の教育課題である。

本書は、その難題への一試案として、自立した個人のネットワークに基づく信頼を基盤とした「創発学級」を提案する。創発学級の結ぶイメージは、自立した個人、主体的な活動、自由なネットワークの構築、信頼のある学級である。

冒頭のような事例こそはまさに創発学級の発現した姿である。ここでいう「創発」とは、局所的な相互作用が大局的なものに影響を及ぼし、新たな仕組みが自己組織的に生み出される様態を表す言葉である。生徒間、生徒と教師間のささいで局所的な相互作用を契機として、それがしだいに学級集団を動かしていく、ミクロからマクロな変容を意味する。それは仕組まれ、コントロールされた現象ではない。自律的にふるまった結果、形成された自生的秩序だ。要素還元主義のように、いかに個別の現象を精密に分析して積み上げていっても大きな集団の働きをとらえきれない。子どもたちのダイナミックな活動を支えるためには、そうした個々の小さな特性の積み重ねが大きな変容を生み出すという複雑系の科学にもとづく、創発のメカニズムを学級集団づくりに適用した考え方である。

創発学級は自立した生徒のネットワークから生みだされるが、教師の指導は必要ないというわけでは決してない。むしろ、従来のような管理的な指導よりもよほど慎重で丁寧な対応を含めた環境づくりへの配慮が求められる。個人や集団の発達をアセスメントし、生徒が自立できるように促しながら集団の秩序やルールを維持することの大切さを感得させることが求められる。個人の自立が他者の自立と表裏一体であることを理解することなしに信頼のネットワークは生まれない。集団としてのルールを守ること、他者を尊重することを自立する個人の心の中に形成していくことが必要となるのだ。そのための指導はそう簡単なことではない。

これまでの学校においては、教育目標の達成に重点が置かれ、管理的にならざるをえない状況に追い込まれることが少なからずあった。だが、教師による集団管理の思想は、創発学級の育成には馴染まない。多くの教師は、管理による教育の限界を感じており、知識基盤型社会での教育に必要な新たな教育方法を模索している。創発学級づくりのポイントは、いかに自立した個人を育てるか、いかにネットワークに基づく信頼をつくるのか、という点にある。他者への信頼による自立した個人の目的的な活動と、それを支える教師の存在によってこそ、学校における教育目標や教育課題、さらには集団研究における いくつかの課題を解決に導くのではないだろうか。

本書は、全国の先生方が試みた創発学級の事例を随所に用い、教育実践につながる理論を具体的な状況に即して展開を試みている。学級経営は、総合的な教育実践の課題であり、単なる一つの教育科学の成果だけでなく、むしろ社会学の理論や学校心理学的なアプローチ、その他関連する広範囲の学問領域の知見に根差し、展開を図らなければならない。いまこの瞬間、全国の教室の中で創発現象が数多く生み出されることを願うとともに、この書を手に取られた方々にも多くの創発が生まれることを期待している。

なお、本書に登場する事例はいずれも掲載につき関係する方々に了解をいただき、また、事例が特定できないように適宜書き換えたものである。ご協力くださった皆様に御礼を申し上げる。最後に、ナカニシヤ出版編集部宍倉由高氏と山本あかね氏には本書の刊行にご尽力いただいた。ここに記して感謝申し上げる次第である。

二〇一六年一月

蘭　千壽
高橋知己

目次

第Ⅰ部 「創発学級」の提案

第Ⅱ部　コミュニティから生み出される創発学級

序章　創発学級の実践

第1節　はじめに

創発学級は多くの生徒たちと教師によって創造される。これまで、われわれは創発学級の実践例に出会った。そうした事例をもとに、創発学級を生み出す生徒たちと教師の営みの特徴を整理し、紹介する。

(1) 教育の「大きな物語」からの脱出—管理する教師の解体

はじめに創発学級について確認する。従前の学級経営の思想は教師がどのようにしたら生徒を効果的に指導できるかが前提となっていた。ここには、教師の指導によってこそ生徒の学習や生活の能力が向上する、という「大きな物語」が背景にあった。しかし、今日、教師が多様な生徒たちの集合体を総合的に管理し、成長させることへの絶対的な信頼が失われている。そうした情況で求められるこれからの学級のありようは、いわば管理する教師の解体だ。管理型学級経営からの脱出である。

（2）共同体としての学級へ―創発学級づくり

生徒も教師も参加しあい、管理する役割を相互に付与しあいながら解体していく。そうした自立的な教室像が、創発学級のイメージである。もちろん、（庇護される立場にある）生徒たちへの安全面の配慮をせねばならない学校の目的からしても、最低限の管理は担保し、それでいて生徒たちの自主的で自由な行動が保障されなければならない。教師がリーダーシップを取りながら学級集団を形成し運営していくタイプの学級集団では、「見栄えのよい」集団の域をでることはない。そこから一歩抜け出し、生徒個々人への内的、外的な支援をおこないながら、共同体としての学級へのより積極的な参加を促す集団づくりが創発学級づくりである。

第2節　創発学級づくりのポイント

それでは、「アイデンティティのゆさぶり」「多元的な価値の創出」「相互承認」の三つ観点から創発学級づくりのポイントを確認してみよう。

(1) アイデンティティのゆさぶり

人は、「〇〇らしい」とか、「あの人はこういう人だ」という言説で語られることが多い。ある個人が、一つの行動を取ったことで、その後の彼の態度や行動がそれにもとづいて類推されたり、因果関係が推定されたりすることは決して少なくない。これはステレオタイプな見方といわれている。最近の生徒たちは、四月の学級開きから数日でインフォーマル・グループを形成し、そのグループの仲間とそうでない子を区別し、仲間関係に閉じこもって、他の生徒たちとは交流しない傾向にあるといわれている。この傾向は特に女子生徒において顕著にみられ、小学校高学年から多く出現する（新元・蘭、二〇一六）。ある出来事をきっかけとして、生徒のアイデンティティを固定してみるステレオタイプな見方は、学校や学級のなかでもそうした傾向は強いといえる。

しかしながら、教師は生徒に対してステレオタイプな見方をもつべきでない。社会構成主義的な学習観に立って、生徒が環境から知識や刺激を付与されることで変容していくさまを学習ととらえるならば、生徒への認識を固定することは、教育的な営為ではない。生徒の行動を理解し解釈するときの因果関係の類推には、教師の既有経験や知識にもとづいた判断は必要である。そうした知見に依拠した対応がなされる必要はある。しかし、それを絶対化し、固定化することは、教師の主観や学校のもつロジックを生徒に強いることにつながりかねない。生徒個々のアイデンティティを決して固定化してみず、もっと疑って、別の観点からその生徒の違った面や別のアイデンティティをみることができないのかと浮遊する指導態度こそが重要である。こうした見方を（発達途上にある生徒たちからなる）学級や学校全体で共有できるように導くことが大切である。これはまさに、アイデンティティのゆさぶりである。

（2）多元的な価値

指導者である教師は、生徒個々人の多様性の存在は認めても、社会的な価値と教育の場における価値、自らの信念にもとづく価値を生徒たちに強制してしまうことが少なくない。それは生徒の安全面を考慮したり、望ましい姿との乖離を埋めようとする場合に生ずることが多い。たとえば、教師は、勉強が得意な生徒とスポーツが得意な生徒、ゲーム好き、マンガ好き、音楽好きな生徒などのそれぞれの生徒たちの特徴を、どこまで受容できるのだろうか。前夜において、勉強しすぎたために睡眠不足な生徒とマンガの読みすぎで睡眠不足である生徒に、どういう異なった指導をおこなうだろうか。もちろん、発達段階に応じた活動目標に沿って、教師として指導すべき内容はあるだろう。しかし、生徒たちの多元的な価値や特徴を認めることなく、過度の強制があっては生徒たちの自主性や自立性への意欲がそがれてしまうといえよう。

生徒たちそれぞれが一つの面で十分な効果を上げることができなくても、違う面で能力を発揮することは十分に考えられる。その可能性を探り、能力を引き出す場が教室ではないだろうか。能力の高い生徒が多方面でその力量を発揮することは大きな意味がある。他方、能力が低いと考えられていた生徒の得意な面を発見し、伸ばしていくことも大事で重要な教育的な営為である。多元的な価値や能力の存在を銘記したうえで多くの生徒たちに役割を付与し、個人がもつ多様な能力や特徴を見いだし価値づけていくことは、創発学級づくりにとって不可欠である。

(3) 相互認証

生徒たちが活動によって自己有用感や効力感を感得することは、個人にとっても集団にとっても好ましいことである。それは活動の成果の影響を受けるものではない。活動を経験し、自己の役割を担えたことを体験したことに意味があるのだ。それは個人の内的な喜びであるが、さらに周囲の人々と協力しあえ、認められることで、体験の価値はさらに高まるであろう。そうした体験は、役割を果たした自分自身を自己内あるいは学級内において定位することで、次の活動の参照点となる。どのように自分がふるまったのか、それはどういう効果をもたらしたのか、を確認できる地点となる。級友や学級全体との関わりにより共同体の一員としての充実感や活動以前の自分からの解放を達成したことをふりかえる、いわば「新しい自己」を立ち上げる契機とすることができる。

生徒たちと教師からなる学級集団における相互認証は、自己と他者とのつながりや連続性を意識し、第5章第2節で言及するソーシャル・キャピタル（社会関係資本）におけるボンディング（結合）型と、ブリッジング（橋渡し）型の二つのタイプの関係性の結び方の結節点となる。部活動が一緒だとか気が合う数人の生徒たちの間におけるボンディング的なつながりを深めることで自信と信頼を得、それをもとに他の学校行事等の活動や他のサブグループとの関わりへとブリッジング的なつながりを広げていくことができるのである。相互認証は、そのエネルギーを生み出すのである。

かくして、創発学級づくりを導く教師の指導ポイントは次の三点である。

○アイデンティティを固定化しない（アイデンティティのゆさぶり）
○多元的な価値と役割を創造する（多元的な価値）
○相互に認めあう（相互認証）

それでは、生徒たちと教師の相互作用によって形成された、「創発学級」の事例についてみていこう。

事例　N男が変わることで学級が変わった事例

学級が中学二年のときのことである。その学年は一年次には担当していなかったので、ほとんどの生徒たちとは初対面であった。学級で気になる生徒たちのなかに、男子のN男、女子のK子がいた。

N男は積極性がありスポーツ万能だが、粗暴で攻撃的な面があり、一年次の担任にも非常に反抗的であったという。K子は明るく話し好きで、リーダー性を有していた。しかし、落ち着きやけじめに欠ける面があり、一年次は授業態度や頭髪等で指導を受けることが多かった。他にも気になる生徒はいたが、とくに、この二人はプラスにもマイナスにも、どちらの面でも他の生徒たちに影響を及ぼす存在であった。その二人の影響からか、学級のなかには無気力感が漂っていた。担任は、この二人とうまく対応して学級の現状を変えたいと考えていた。

担任は彼らとコミュニケーションを取ることに努め、生徒たちの情報収集にあたった。大過なく夏休みが終わり、体育祭の時期となった。二年では男子全員参加の種目に騎馬戦があった。「大将騎」を倒すと勝ちというルールで、大将騎とりわけ上に乗る人が重要だった。N男は自分からは名乗りでないで、様子をみているようだ。N男に託すのはリスクもあった。粗暴な面があるので反則負けになるかもしれない。負けたらふてくされて雰囲気を壊すかもしれない。しかし、担任は失敗を恐れない心をもってほしかったのでN男に託した。

「N男、おまえ大将やらないのか？　やるだろ？」

「えーっ。オレがですか」

しかし、N男はその言葉を待っていたようだった。

「みんな。大将はN男でいいよな」

「おー！　頼むぞ、N男がんばれよ」

N男は大将となり、みんなをリードして騎馬を編成した。そして、彼なりに考えた作戦をみんなに伝授した。担任は「自分たちで決めて」と、N男ら生徒たちに任せることにした。学級内にはN男の積極的な行動をみて、自分たちも何とかしなくてはという雰囲気が出始めていた。騎馬戦の練習の際にはみんなが大きな声でかけ声を出しあっていた。N男をはじめとして学級内のみんなが、それぞれの役割に対する責任感が芽生え始め、互いに活発な意見交換ができるようになってきた。裏でなにかとかき乱すことが多かったN男が、初めて学級という「公」のリーダーとなった場面だった。その後、N男は十月の合唱祭では指揮者を務めた。学級合唱の指揮者は、音楽性以上に指導力、実行力が重要である。「指揮者、N男」は学級のみんなに認められ、しっかりと務めた。

K子はピアノが得意で1年次も合唱祭伴奏者だった。

K子は、「伴奏もやるけど、今年は実行委員もやろうかなあ。先生どう思う？」

K子のムラのある性格に不安はあった。しかし、自分の好きなことは徹底的にやる、という一面があった。掲示物つくりなど任せると、何時間もかけて仕上げてきたものだ。

　K子の働きは期待以上だった。K子は「ダメじゃない」「もう一回」と、担任が少し心配になるくらいの厳しい言い方もした。指揮者のN男にも厳しく注意した。もちろん、N男も黙って従った。ときには、自信を失うこともあったK子には「大丈夫」「がんばってるなあ」と声をかけて、担任が応援している気持ちを伝えるようにした。きつい言い方や対応をするK子だったが、彼女の真剣さはみんなに十分に伝わっていたので不満をいうものはいなかった。

　やがて、学級のみんなは、K子に引っ張られるように、互いに注意しあったり準備を手伝ったりするなど、協力しあう姿がみられるようになった。合唱祭前日、K子は朝方まで学級の一人ひとりにメッセージを書き、当日の朝、みんなにそれを渡した。これだけ力を注いだ合唱祭実行委員は、担任にとっても初めてであった。学級は見事、入賞を果たした。

　生徒たちは、「K子はよく頑張った」「N男の指揮もよかった」とたたえあっていた。みんなそれぞれが達成感を強く感じており、満足げだった。こうした取組みはその後の学級の雰囲気を大きく変え、中三への進級に向けての意欲的な活動へと向かっていった。

第3節　事例に対する考察

　この事例は、いわばもともと学級のなかで注意と配慮を要する二人の生徒を中心に学級集団が、体育祭、合唱祭の二つの大きなイベントを乗り切った経緯をつづったものであった。

このなかで、教師の指導のポイントがいくつかあげられる。まず、「N男に騎馬戦の大将騎を託すこと」「K子に実行委員を託すこと」の二つのリスクテイキングな選択をおこなったことである。

多くの教師であるならば、一年次に担任に反抗的であったN男やさまざまな指導を受けていたK子たちにリーダー的な役割を付与しないであろう。なぜならば、教師の指導のベースにあるのは「失敗を恐れる心」である。仮に「プラスマイナスのどちらの面でも大きな存在になる」と推測していたとしても、マイナスの面が予想されればそれだけでプラスの面の活用よりはマイナスの面の排除を考えがちになる。それは、学級全員の安全や安心を優先し、秩序を維持することに注意が向くためである。

これに反して、この担任は「(担任なりに) コミュニケーションを取り」大丈夫だと判断した。もし仮にリスクを恐れてこの二人のキーマンを避けて活動したとすれば、「裏で何かとかき乱すことが多かったN男というように」、彼らがイレギュラーな行動を引き起こす可能性があったかもしれないし、このような協力的で責任感のあるリーダー的な活動をおこなってはいなかったであろう。

それであるならば、中心的な役割を担わせることによって、担任教師は、彼らと彼らを取り巻くサブグループの生徒たちの意識や行動を行事活動へと注意を向けさせ、協力的なリーダーシップのある活動へと変容させることを企図したものと思われる。それは決して賭けやチャレンジではなかった。むしろ、このままの学級状態であることの方が危ういのではないか、と学級の現状を分析したうえでの担任教師なりの認識がそこにはあったといえる。

一方、そうした担任教師の判断や後押しを受けた二人はどうだったのだろうか。「やるだろう?」という担任の誘いを待っていたN男、「やろうかなあ。先生どう思う？」といってきたK子。それは彼らの初発の「スイッチが入った」瞬間だった。教師が透徹した認識をもち、生徒が活躍できるような環境を整え、N男、K子、そして彼らをサポートするサブグループの生徒たちの活動が動き出したら、そこからは「学級の組織が自己組織的に創発を始めていった」と考えられる。

こうした対応の仕方は、前出の三つのポイント〈アイデンティティのゆさぶり・多元的な価値・相互認証〉を十分に踏まえたものであったことが確認できる。ややもすると、固定的で近視眼的になりがちな「手のかかる生徒」への視点をズラして浮遊させることで、それまでの彼には想像できなかった「大将騎」の役割を付与した。そうすることで、N男を中心にみんなで助けあって協力し、話しあってアイデアを出しあう機運が目覚めてきた。いわば、学級みんなの騎馬戦となった。そして、その結果がどうであろうと、みんなで話しあい、協力しあうことができた事実をもとにして、互いに自分たち生徒同士の活動を受容し認めあっているのである。そのことは、その後の合唱祭に向けた活動においても見られ、K子の活動を中心にみんなでさらに助けあって協力し、互いに受容し認めあっていったのである。

第4節　創発学級づくりのプロセス

事例を分析的に検討することで、創発学級づくりの指導についての構想を検討する。冒頭に掲げた三つのポイントを位相とし、それぞれにおける対応はいくつかの段階に分けて考えてみることができる。

表０−１　事例１における指導を軸にした指導構想モデル

位相	アイデンティティのゆさぶり（関係性の再構築）	多元的な価値			相互認証
段階	状況の把握	対応１	対応２	対応３	評価
学級・生徒の状況	・気になる生徒が多い学級のなかでも、とくに２人（N男とK子）が気になる存在である。 ・リーダー格の子がいない。気になるN男とK子がリーダー性をもっている。	・体育祭の騎馬戦の大将騎が決まらない。	・みんなからも立候補が出ない。 ・「N男、大将やらないか？」と担任が決断を促す。 ・N男が初めて公の場でリーダーになる。	・K子に合唱祭伴奏者と実行委員を任せる。 ・K子の真剣さが学級のみんなに伝わっていく。	・K子はみんなにメッセージを書いて渡す。 ・見事に入賞を果たす。
教師の対応・実態	**○現状の把握・情報の収集** ・現状を変えようとする意志、変えたいという強い願い。 ・失敗を恐れない心。 ・生徒に関わりながら情報の収集。	**○説明責任と意思決定への参加** ・「自分たちで決めて」。	**○役割を付与する** ・○○がリーダー。 ・「頼む。がんばって」。 ・教師の個と集団への支援と見守り。	**○支援を行う** ・生徒たちのサポート。 ・配慮をしながら支援する。 ・見守り。	**○認めあい** ・集団と個の成長の認証。 ・次の活動への意欲づけ。
生徒の反応	・依存心や無関心である。 ・指導上問題がある生徒たちがいる。 ・気になる子の存在がある。 ・ばらばらの状態の学級。 ・イジメ、階層性、無気力、無関心である。	・どうしたらいいんだというとまどい。 ・なんとかしなくてはという自覚の発現。 ・集団と個人の内的な揺籃。	・役割に対する責任をもつ。 ・友人との関係性を強化する。 ・作戦会議と練習のために相互作用を活発化する。 ・教師の支援と見守りへの気づき。	・教師の支援への気づき。 ・互いの努力の承認。 ・相互扶助。	・活動体験への喜びと反省。 ・達成感と成就感。 ・他者の存在への気づき。 ・有能感と次の活動への意欲。
備考・指導のポイント	・二人の問題の生徒を中心に、コミュニケーションを取りながら情報の収集にあたろうとした。 ・二人にはプラスとマイナスの両面での影響力があることがわかった。	・N男に任せることで反則負けになるかもしれないが、うまくいく可能性を信じた。	・N男に大将騎を任せることを決断し、練習は生徒に任せた。担任教師は支援に回り、生徒を前面に押し出した。 ・責任感が生徒に芽生え始めていることを確認した。	・N男を見守ったようにK子に対しても特性を考えながら見守る。実行委員をやりたがっているK子の背中を押した。 ・自信を失いそうなときには声をかけ続けた。	・「N男もK子もがんばった」と学級がたたえあう相互認証がおこなわれた。 ・達成感を胸に次の活動や目標へと向かっていった。

以下、指導構想モデルの表（表0‐1）をもとに考える。

（1）アイデンティティのゆさぶり―現状の把握・情報の収集

まず、アイデンティティのゆさぶりの段階である。学級担任となったとき、教師は所属する学級の現状を把握し、対応していくために、すべての生徒情報を収集する。それは書面上の引継ぎだけではなく、直接的な生徒たちとの関わりあいのなかでおこなわれることが多い。ある特定の生徒に対してだけ情報収集がおこなわれるものではなく、その生徒の家族を含む地域的、社会的な情報もときには必要である。そうした収集情報をもとに学級の現状を分析し、次への対応策を計画する。

（2）多元的な価値の形成

①生徒への説明責任と意思決定への参加の要請

次に、創発学級づくりをおこなううえで、多元的な価値を形成していく段階である。この段階での教師の対応として考えられるのは、大きく分類すると次の三点がある。まず第一は、生徒への説明責任と意思決定への参加の要請である[(1)]。

教師が、教室における生徒の創発的な参加を促すとき、彼らの意思を彼ら自身の責任において語ることを求めることは、生徒に対する活動への参加を促す第一歩である。生徒たち自身の自主的で積極的な関与へといざなうためである。

②役割の付与

第二の対応は、役割の付与である。個人に対して集団の一員としての役割を付与することで、個人は明確に組織のなかに位置づけられたことを実感し、所属感を増していく。とくに教師が生徒に役割を託すことは生徒に責任をもたせ、自尊感情を向上させることにつながる。ここで留意しなければならないのは、一方的に特定の生徒に責任を付与することはリスクを伴うのである。責任の重さに耐えられない場合や、実際の活動で負担を感じてはその生徒と集団や教師との距離はさらに広がってしまう可能性がある。その生徒にどこまで役割や責任を預けられるかどうかの見極めや配慮が大きなポイントになる。

③支援

そこで必要となるのが第三の対応、支援である。そのタイミングや方法に注意しながら効果的におこなう支援は、生徒の集団参加を助け、自主的、自立的な活動の支えになっていく。

(3) 相互認証—認めあい

最後に、もっとも重要な意味をもつのが相互認証の段階における対応である。生徒がその能力を発揮し集団としての活動が十分におこなわれたとき、その成功体験をどのように個々の生徒たちが自らのうちにフィードバックできたのか、それをもとにしてフィードフォワードしていくのかが大事な点である。実際の活動から学習した経験を再確認しながら、次の活動のための原資なる段階がここにあたる。

次に場を変えて別の活動を開始するときの参照点となる体験を確認する場となるのである。

第5節　創発学級への転換

アイデンティティのゆさぶり、多元的な価値、相互認証という三つのポイントを創発学級づくりの位相と考えてみると、実際に創発学級事例においては教師の対応が適切になされていることがわかる。それぞれの位相において段階的に取られている対応が創発学級づくりの成否を決めている。

学級集団をタイプ分けしたわれわれの研究では、教師の放任的な姿勢により生徒集団に階層性が生じたり（生徒階層型学級）、管理的になり過ぎたために専制的な学級経営がなされたり（教師専制型学級）、といった「閉じられた学級」になることがわかっている（蘭・高橋、二〇〇八a、二〇〇八b）。そうした「閉じられた学級」から脱却するために教師たちは努力しているのだが、それがときには、教師中心のリーダーシップ型の学級（教師リーダーシップ型学級）を形成することで学級経営は十分であると考えられていることが多い。

生徒の自主性や自立性を育てることが教育の真の目標であるとするならば、むしろそこから創発学級づくりの方途を探ることこそが学級経営の本質であるべきではないだろうか。教師のリーダーシップで学級集団を形成することができたら、そこからさらに教師主導から脱却し、生徒主導の学級集団形成を目指すことこそが学級経営の本質的な目標であるといえよう。

これまで、われわれは『自己組織化する学級』（二〇〇八、一二七–一二九頁）において、担任教師にとって重要な指導方略として、①活動性への仕掛け、②所属感の重視、③ミクロからマクロな相互作用、の三つのキーワードを取り上げて論考してきた。学校における生徒の活動性を発揮できる場を効果的に仕組むことで学級内の関係性が喚起され（活動性の重視）、生徒主体のイベントを仕組むことで学級への所属感や学級アイデンティティが形成されていくこと（所属感の重視）、個人への働きかけをベースにしながら学級全体への変容を促すこと（ミクロからマクロな相互作用）の重要性を指摘してきたのである。こうした指摘は、この序章で述べている創発学級づくりと密接に関連している。個人のもっているアイデンティティをゆさぶりながら、多元的な価値に気づかせ、相互認証することで集団への帰属意識を涵養《かんよう》していく創発学級づくりには、創発学級づくりを喚起する指導方略が必要である。

以降の章では、そうした創発学級づくりの考え方や実践について、さらに事例を交えながら見ていく。

注

(1)　アマルティア・セン（著）東郷えりか（訳）二〇〇六『人間の安全保障』集英社、七四頁。アマルティア・センが、その論文のなかで「アフリカの政治的な伝統のなかで、説明責任と意思決定への参加が果たしてきた役割が、いまも重要であり続けているのは、ほとんど疑う余地がありません」と述べているのと奇しくも軌を一にする。アマルティア・センは、アフリカの民主化の戦いを推進するための社会参加の必要性を説こうとしている。

第Ⅰ部

「創発学級」の提案

第1章　「創発学級」とはなにか

第1節　学級指導の基本的な考え方

これまでの学校教育における集団指導のあり方、とくに学級経営、学級運営のあり方は、わが国の社会的・政治的な影響を色濃く受けている歴史がある。二一世紀になって十年以上が経過した現在、ここ数十年間の学校を取り巻く広い意味での教育的環境について考えながら、あらためて学級について俯瞰してみよう。

学級集団を指導するときの用語として、「学級指導」「学級経営」あるいは「学級運営」などいろいろな呼び方があるが、どれが適切であろうか。調べてみると、次のように解説されている。

(1) 学級指導とは

学校において、教師が教科の教育や生活指導を継続的におこなうために、同一性をもつ一定数の子どもで構成される集団をいう。コメニウスが学級の意義や必要性について初めて主張したのは、十七世紀のことであったが、一般に近代学校においては、多数の子どもを同時に教え、教授能率の向上を図るとともに、財政効率を高めるための考え方のもとに、学級が広く普及していくこととなった。しかし、明治前半期まで、日本では今日の学年制とは異なる〈等級制〉が採用され、半年ごとの試験によって進級の適否が決められていたこともあって、各等級が集団として安定せず、個別指導がおこなわれたので、今日でいう学級は成立していなかった(インターネット情報サイト「kotobank.jp(世界大百科事典第二版)」による)。

(2) 学級経営とは

学級を教育の目的に沿って効果的に組織し運営すること。学習指導と生活指導を総合し、学級内の人間関係の発展を促すなどの他、学級の物的環境を整備するなどの教育活動をいう(インターネット情報サイト「kotobank.jp(デジタル大辞泉)」による)。

(3) 学級運営とは

これまでの「学級経営」に代わって「学級運営」という用語は、基本的には同じ概念として捉えられ、その差異は学級担任ではない教師も協力して「学級運営」に当たり、学級指導や生徒指導を円滑に進めることにあるとする。これは、平成一七（二〇〇五）年三月の文部科学省の報告書に新しい方向として示されている。

今日、われわれがもっともなじんでいるのは、「学級経営」の用語である。しかし、これら三つの用語の解説（定義）をみていくと、興味深いことが浮かび上がってくる。

学級運営が学級経営とほぼ同じ概念だとして、学級指導と学級経営はともに「学習指導と生活指導」の総合的な指導であることを指している。ともすると、学習指導や教科指導を優先したり、あるいは生活指導に追われたりするような学校や学級もあるが、ほんらいの学級経営（運営）や学級指導の目的とは総合的な教育活動を指すものである。

また、学級指導の解説に触れてあるが「（近代の）学校においては、多数の子どもを同時に教え、教授能率の向上を図るとともに、財政効率を高める考え方のもとに、学級が広く普及していく」などの歴史的経緯を辿ったことがわかる。

日本においては、学級集団の単位は、法令により義務教育諸学校の場合、一学級四〇人（小学校一年生の場合、三五人）が基本となっている。わが国では年齢主義を基本として学級が編成されており、異年齢の子どもが一つの学級に所属する例は、複式学級など特殊な例を除いて原則的にない。

このように多くの子どもたちに対して効果的に指導をおこなう方策として、教授システムの効率化のための一斉指導のあり方が、近代における学級指導の一つの方向性であったことは歴史的な事実である。こうした学級指導の考え方は、現在も引き継がれている。

(4) 高度経済成長時代の管理型学級経営

佐藤は、一連の研究で、効率よく指導する教授する側の意向が多くの生徒たちの学習活動に影響を及ぼしていると広く世に訴えている[1]。それによると、日本や韓国など東アジアの国々における教育は、競争を主要な動機として推進されてきた、と指摘した（佐藤、二〇〇〇）。このことが、教育の権利や自由を競争のための権利や自由へと駆り立てていく。さらに教育は産業界からの強い影響を受けている。企業は、少数のエリートと多くの単純労働者で構成されるピラミッド型の労働市場を形成しており、それは学校制度の学歴社会のピラミッド型の構造とマッチしているという。

一九七〇年代までの日本は、高度経済成長を導いた産業の急速な発展を基盤とし、それぞれの企業体が生産性と効率性を追求した。そのため、教育においては学力の高水準の維持が求められ、詰め込み式の教育がおこなわれた。高度経済成長は公害という大きな弊害も生み出しもした。各企業体の生産性を向上させるためには、それらの企業体にいずれ社員として供給されるすべての生徒たちに高水準の学力を身に付けさせる知識重視型の教育方針が求められた。この時代の教育は、まだ学習に対する平等や民主主義を否定することはなかった。

ところが、受験のための教育やいわゆる詰め込み式の教育からくる「落ちこぼし」とよばれる学校教育への批判がおこると、一九七七年の学習指導要領の改訂では「ゆとり教育」が打ち出され、教育内容の三割削減へとつながっていく精選が始まった。この後、一九九八年の改訂から学校週五日制が導入されると、時期を同じくして国際学力比較テスト（PISA：Program for International Student Assessment）の調査結果が発表された。その調査結果は、日本の学力低下という世論を大きく惹起することになった。

前出の佐藤は、これらにより新しい能力主義がはびこる契機につながったことをさきの論考で批判している。「能力も個性」という表現が市民権を得たことで、それまでの日本型教育を支えてきた平等感を突き崩す競争主義へと舵を大きく切りながら二一世紀に突入したのである。教育界を取り巻く状況が大きく変化するなか、学級経営についても大きな変化がみられるようになった。いわゆる集団主義的で学級を集団としてどのように凝集させ効率的に指導をおこなっていくかについての関心や、多様な個性をもった生徒や教師の集合体である学級集団を画一的に指導する発想からの転換である。

（5）複雑系の科学による学級指導の観点

多様な経験系にもとづく個性や特徴、考え方をもつ生徒たちや教師の集合体である学級集団を、先述された集団主義的な効率性を求めるように指導する発想からの転換が求められている。複雑な関係性を維持しながらも生徒個々人の個性を育み、能力を発揮させるための複雑系の考え方を学級経営に持ち込もうとする新しい発想が生まれてきたのである。学級経営の考え方についての新時代の到来といえるかもしれない。

舘岡（二〇〇六）によると、現代社会は、管理型の指導が破綻し、支援型にパラダイムシフトしているという。その変化の底流にあるものは、

①つながり・関係性が飛躍的に広がっていること、

②観察系から参加系へと移ってきていること、

③関係性のルールがあらかじめきまっていないこと、

である（九一頁）、と指摘している。

この指摘を参考にすれば、たとえば、次のような指導方法が示唆される。

①担任教師は生徒たちがはじめから教師の指導を受け入れるものだとの管理的な姿勢で臨んではいけないこと。

②担任教師は学級方針や学級行事等についての方針を明示しつつ、生徒たちと一緒に具体的な目標やそれに伴うルールを考える姿勢を取ること。

③できるだけ生徒たち自身によってルール作成をおこなわせるなどして、カオスに対応する方法や克服法をあらかじめ指導方法や指導の視野に入れておくことが大事であろう。

このような複雑系の考え方に依拠する学級経営の指導方法の提案には、教師から生徒への信頼がベイスにあるといえよう。

第2節　これまでの学級集団研究の歩み

（1）一九六〇−一九八〇年代の研究

この時期の研究は、わが国で急速に発展した高度経済成長期の影響を色濃く受けていた。各産業の生産性を向上させるためには、集団で行動することができるとともに、高水準の学力をもった生徒たちの育成が望まれたのである。

それに符合するかのように、学級集団研究は集団心理学的な枠組みや教育学的な視点からおこなわれてきた（蘭・古城、一九九六など）。

広田（一九五八）は、集団発達の契機をおもに生徒の発達水準におき、小学校段階を対象とした生徒間のインフォーマルな交友関係は個人を中心としたヨコのつながりから支配−服従のタテのつながりを経て、部分集合から全体集団へと統合されるという集団の構造次元の変化のモデルを示した。さらに、ソシオメトリー研究の成果から集団の非公的な構造化の次元に注目した研究開発がおこなわれた。田中（一九七〇）は、ソシオメトリーを用いた一連の教育改善研究を報告した。狩野（一九八五）は、現代のネットワーク研究に通じるソシオメトリック・コンデンセーション法を開発し、学級集団理解の大局的方法を提案した。教師のリーダーシップ行動に注目した三隅ら（一九七七）は、すぐれたＰＭ式リーダーシップ研究の成果を報告した。

根本（一九八九）、蘭・武市（一九九二）、蘭・武市・小出（一九九六）は、学級の非公的な構造化の次元に加え、教師の教育指導の公的な側面に注目した学級集団の発達モデルを示した。それによると、蘭らは、教師主導による指導から生徒主導への教師の側面的支援への移行が学級集団の発達的展開を導き、その学級特有の規範の社会化と生徒たち独自の自己規範の相対化を図ることで、生徒たちの自立性を促していくとし、事例による検討をおこなっている。

（２）一九九〇年代以降の研究

学級集団に関する研究が大きくその方向性を変えたのは、一九九〇年代から喧伝されるようになった「学級崩壊」といわれる「学校の荒れ」の問題の影響が大きい。前述したように、学級で学習が成立しない、授業中に立ち歩くといった現象が全国各地から報告されるようになり、それまでどちらかというと学級担任の個人としての学習指導方法などの技能の向上、学級指導、生徒指導などの指導方法やリーダーシップ力の改善に向いていた視線が、ＴＴ（チーム・ティーチング）などの教師の学習指導での協同のありよう、生徒の問題行動などへの早期対応のためのアセスメントのあり方、援助のための校内校外の協力システム構築（伊藤、二〇〇三、伊藤・松井、一九九八、二〇〇一、家近・石隈、二〇〇三、二〇〇七、加藤、二〇〇七、大西、二〇一五）などへと移っていった。

出現する問題が複雑化し、状況が短時間で大きく変化することがある現在の学校状況では、学級担任個人や個別学校だけでは諸問題への対応ができず、抱えきれなくなってきている。さらに、現代の生徒たちの特徴として、以前のギャング集団経験に対応するような遊び集団に対する経験不足や集団での生活習慣の欠如など、いいかえると、生徒たち同士による異年齢集団経験や同年齢集団経験によるルールの生成や変更、対人的なスキルの学習不足などが指摘されていることも、集団援助がいっそう求められる一因である。

河村（一九九八、二〇〇六）は、生徒たちを学級集団の一員として組織し、育成しながら満足感を味合わせるための指導のための提案としてすぐれた「Q―U学級生活満足度尺度」を開発している。今日、この尺度が不登校予備群の生徒たちの検出や学級集団指導の目安などとして活用されている。

第3節　二一世紀に求められる新しい学級経営の模索

知識重視、詰め込み主義とも揶揄された時代の教室では、効率的な一斉指導をおこなうための学級経営の方法が求められた。教師の管理的な指導により生徒の逸脱行為を防ぐための管理の方法が考えられ、いわゆる「点検活動」が盛んにおこなわれていた教室も少なくない。それがやがて、教室の活動性（パフォーマンス）を高め、規律を維持する（メンテナンス）方向での、いわば教師のリーダーシップが求められるようになっていった（図1-1参照）。教師を中心とする階層制のピラミッド組織が形成された。

こうした学級経営は、学校生活の安定安心を支えることに一定の効果をもたらしたが、近年の教育へ

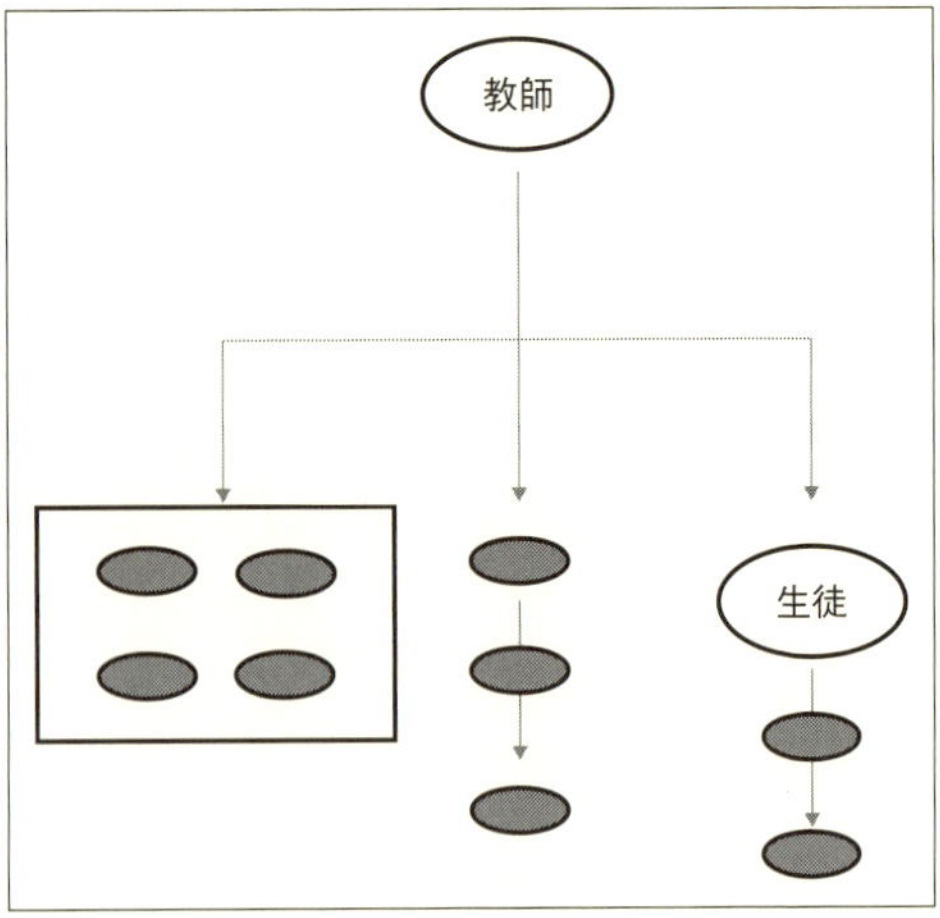

図1−1　従来の学級集団指導のモデルイメージ
（●生徒個人を示す）

のニーズはそれだけにとどまらない。教師が強いリーダーシップを発揮して生徒を導き、生徒が安心して学校生活を送るようにすることは大事である。これに加え、生徒たちが能力を発揮し、困難な状況に立ち向かっていく、自主・自立の素地を培うことがこれからの学校教育に求められており、そのための学級経営をどう営んでいくかが喫緊の重要な課題である。

　そこには、多様性を認める価値観と集団のなかで個の可能性をどう実現させていくのか、といった集団と個の難しい両立を図っていく課題がある。この課題を乗り越えていくことでしか、これからの時代の学校教育や学級経営はその使命を全うすることができない。

　本書は、その答えを「創発」概念を援用することで求めようとしている。そして、「創発学級」という学級集団指導における一つのスタイルを提案することが目的である[2]。

(1) 創発とは

創発とは、序章で述べたように、「相互作用により全体としてのふるまいが個の総和以上のものになる」ことを指している、複雑系の科学という学問領域で用いられた概念である。複雑系とは、全体としてのふるまいの原因が複雑でよくわからないもの、個々の要因を分析してそれを積み上げるだけでは理解しにくいものを表そうとする学問である[3]。

学級集団は、基本的に教師と生徒関係で組みあがっているものの、その背景にある家族や社会の問題、関係性などのさまざまな要因から成り立っており、まさに複雑系と呼べる組織である。従来の組織管理主義的な思想からではとらえきれない学級集団のふるまいを射程に入れ、考察する思想のあり方への転換がここに込められている。

従来の学級集団指導のモデルイメージは、図1-1のように、教師が学級集団を効率的に管理することに主眼がおかれていた。直接的にルール（校則）などを理論的な背景にして指導をおこなったり、管理・監督したりすることが学級経営の基本的な方法であった。ときには、その対象が個人だけではなく、小集団（班などのグループ）であったりする場合もあった。教師が一元的に管理することが学級集団の安定につながり、不安要素を排除することに有効であると考えられていた時代の指導モデルである。

(2) 創発学級のモデルイメージ

一方、創発学級をみてみよう。ここではイメージしやすいようにいくつかの段階に分けて特徴を示す（図1-2）。

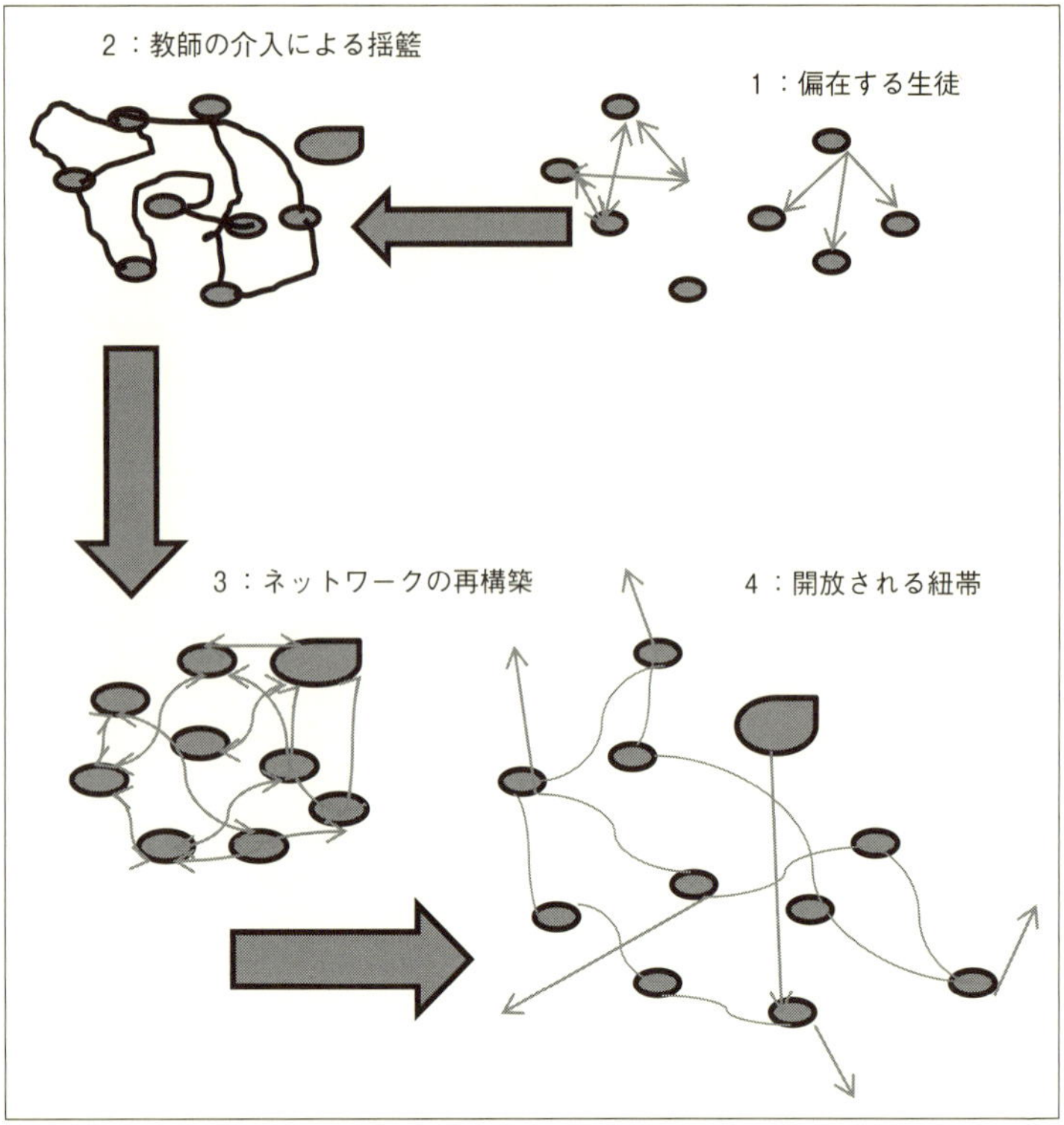

図１−２　創発学級のモデルイメージ（●生徒個人を示す）

偏在する生徒　学級が開始されると、生徒たちは自分たちの学級とそうでない学級を区分する。それとともに、自学級内における生徒たちは互いの住環境の近さ、趣味や関心、近隣性などの諸条件を媒介としてコミュニケーションを取り始める。そうして小さなサブグループなどの形成が始まる。これらの学級システムは、個々の生徒のもつ特性に応じて影響を及ぼす範囲やサブグループのもつ結びつきの強さ（紐帯の強度）によって広がる範囲は異なる。強固に結びつくサブグループやゆるやかに結びつくサブグループ、一人の生徒もいるだろう。この時期、学級のなかで生徒たちは偏在している。

こうした状態は閉塞した状態であり、一部の生徒にとっては居心地のよい関係かもしれない。学級集団としてみれば、まとまりがなくばらばらな人間関係にあり、落ち着いて個人の多様性を発揮することができる状況にはない。

教師の介入による揺籃　教師は授業活動や学校行事などを活用し、学級集団を活性化しようとさまざまな活動を仕組む。それによって、学級内の動きの少ない生徒たちやサブグループの関係に「ゆらぎ」を生じさせようとする。ときには生徒たちの間で自然発生的に生まれた「ゆらぎ」を利用する。ゆらぎにより関係性を揺り動かすことで、偏在する生徒たちの再構成を図ろうとするのである。そうすることで、教師も生徒たちも互いに特徴や適性、能力を知る機会となり、新たな関係が生み出されることが期待できる。

ネットワークの再構築　教師が初期の固定的な学級システムを揺り動かす、あるいは、ゆらぎを利用すると、生徒たちは新たな関係構築を模索する。一時的に固定された構造にとらわれずに、新たな関係性を結ぼうとする。協働的な活動によって得られた、互いに関する情報はそれまでのサブグループの枠を超え、新たなネットワークを構築していく。信頼に基づく自由なネットワークの再構築は、新たな学級集団やサブグループへの帰属意識や凝集性を生むことにつながっていく。西口（二〇〇九）によると、ネットワークの本質はこうした情報や資源の「移動」や「浸透」であり、その浸透作用によって、学級システムの再活性化がおこなわれる。

開放される紐帯　新しいネットワークや信頼感の構築は、学級での安心感を醸成し、それによる固定的な「強い紐帯」は必ずしも必要ではない。つねに一緒に行動するような強い紐帯でなくても、活動に応じた「弱い紐帯」でも安心していられる信頼感をもちながら、創発的な関係性を求めてそれまでのサブグループから飛び出し、外部へと展開していく（5、6章で詳述）。

創発の意味を改めて考えると、全体（システム）のふるまいは、個人の総和以上である。四〇人の学級は、教師を加えた四一人の総和を超えたパフォーマンスを示す可能性がある。教師が意図していないふるまいが学級に現れたり、生徒たち自身が考えてもいないような行動が出現したりすることもある。この創発学級のモデルイメージは、前述した従来の学級集団の指導形態から導びき出されるものとは大きく異なる。

これまでは、教師が管理することで教育目標を達成することができると考え、そのための効率化を企図してきた。それが教育であると考えられてきた。創発学級は、教師が予想しえないような生徒たちのふるまいが出現するシステムを想定する。ここに創発の目指す姿がある。

創発学級は安定した構造を求めない。それは「創発」のもつ、ダイナミックな力動性や多様性が学級経営の基盤である。教師の指示を待つ生徒や教師の顔色をうかがいながら行動する生徒たちを、これからの学級のイメージとしない。一極集中型の集団は、関係性が固定化しパターン化してしまい、多様な価値観が生じにくい。そのために、個人がほんらいもっている可能性が発揮されにくくなってしまう。このことが、管理型学級経営の大きな反省である。

生徒たちが自立的な意思をもち、個別的で自由な交流を可能にする創発学級は、闊達で複雑な現象が生じる可能性を拡張する。創発学級のミクロ－マクロな変容の視点から、このことをふりかえってみよう（図1-3参照）。

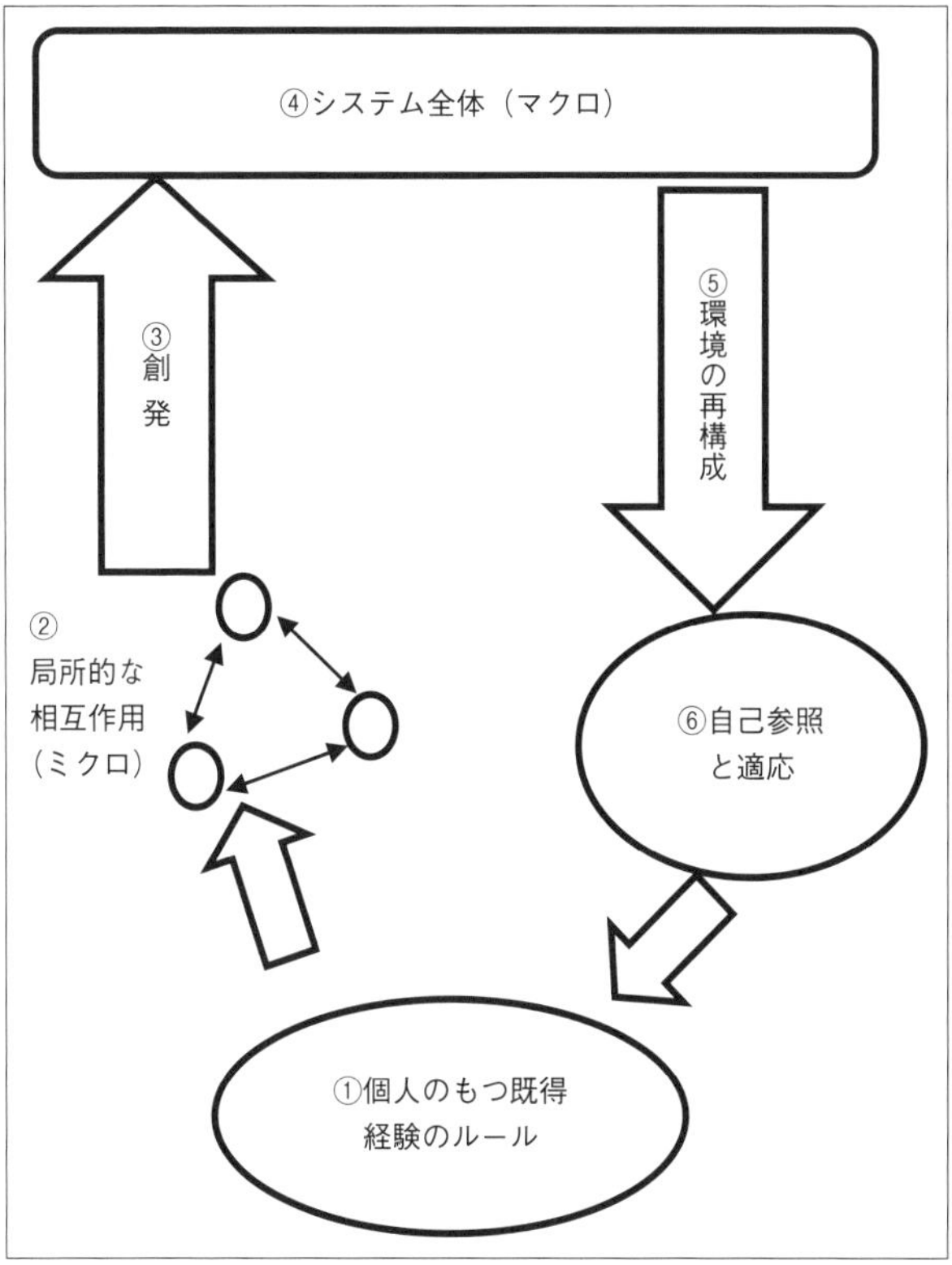

図1－3　創発学級のミクロ－マクロな変容

（3）創発学級のミクロ－マクロな変容

①生徒個々人は、それまでの経験や学級全体の影響を受け、独自の行動様式をもつ。

②その生徒同士の個別的で局所的（ミクロ）なふるまいは、学級全体からみると、教師に制御されているわけでもないし、当初はそれほど重要視されることはないふるまいだ。

③それは制御され計画されたものとは異なり、ダイナミックでときには予想もつかないような展開をみせたりする。複雑性の増大であり、創発である。
④ミクロな相互作用はしだいに大きな流れとなり、全体のふるまいに影響を与える。集団から影響を受けていたミクロな相互作用が、逆に全体を動かすようになる。
⑤そうした影響を受けたマクロなシステムは、全体としてのふるまいや環境、システムのルールを、ミクロな相互作用に適応するように再構成する。
⑥マクロなシステムが再構成した新たな環境やルールに適応する形で自己参照しながら、それまでのミクロな個人の行動様式が変容していく。複数の個人からなる相互作用をもとにした創発がシステム全体（マクロ）に影響を与え、そのシステム全体が新たな環境をつくり個人に影響を及ぼすという円環が生まれる。

このような多様な学級成員のミクロ－マクロな相互作用の関わりが全体の環境を変容させ、再構成させ、その影響を受けて生徒個々人が変わっていくといえよう。この一連の複雑な現象の創発による学級集団のダイナミックな変容は集団の成長と位置づけられ、これからの学級経営の一つのスタイルとしてイメージされる。

本書は、現代において求められる生徒の自主・自立の精神の育成を実現するために、管理型の学級経営に代わる創発型の学級経営の提案の意義と必要性を、多くの具体的な事例をもとに示す。それは、組織としての学級集団をみつめるまなざしから、個別の多様性を組み込んだ自立した要素（エージェン

図1-4　コミュニティを支える創発型組織

ト）としての教師－生徒集団の変容を支える学級経営へのパラダイムシフトを目指した点に特徴がある。

第4節　創発学級づくりに求められる共同性

タテ型の管理教育に対する批判や集団主義教育の歪みについては、これまで繰り返し指摘されてきた。しかし、それでは教師と生徒の階層性をなくした水平型組織が学級集団にとって理想的な組織であろうか。

そうであると言い切ることはできない。幼児期から青年期にかけての発達の特性を考慮したときに、大人による適切な指導は必要不可欠である。その学級集団に最適な指導をおこなう指導のスタイルがあるはずだ。

ときには、生徒の意見を聞きながらマネジメントをおこない、ときには自分の指導方針を生徒たちに語りながら目標を提示する。それは明確な目標を掲げ、機械的に組織を設計することではない。組織として活動するなかで自己組織的に創発する、新しい活動や関係性を生み出していく組織づくりである。本書は、こうした自己組織化する学級の特性をもつ学級集団を「創発学級」と呼ぶ。

だれか特定の人物がいつも集団をリードするのではなく、状況に応じて活動に対応しながら新たに組織をつくりつづける姿が、複雑な状況に対応する創発型の学級集団づくりにつながるのだ。集団の設計（デザイン）を明確に描くことで管理するのではなく、ビジョンを共有することで構成メンバーが自律的に活動するようになっていくことが重要である。

創発型組織づくりにとって必要なことは、自由に交流しあう可変的な人間関係を保証することである。「リーダーはあの子」「私はあの人と一緒じゃないとグループはつくらない」というような固定的な人間関係からは創発型組織は生まれない。

いろいろな人間と多様な活動を通して協働的に活動することができる、それこそが「コミュニティ（共同体）」としての学級集団の望ましい姿といえる。

協働作業のなかで多様な個人の諸能力に気づき、認め合うことができる。共有したビジョンで結ばれたコミュニティで自由に自己表現し活動することでさらに関係性が広がっていくのだ。

創発型組織によって形成されたコミュニティとしての学級づくりは、やはり教師のはたらきかけが重要である。

学級の活動が多様に展開されるなかで協働作業がいろいろな生徒たちの組み合わせによっておこなわれていくとき、教師の組織運営のしかたもたえず変化しなければ集団の創発性は失われてしまい、個人の自主性や自立性も損なわれる。

学級集団は一つのコミュニティである。そのコミュニティは、自立しようとする生徒とそれに協力し支えようとする生徒相互、見守る教師によって構成されることが期待される。自分の欲求を満たそうとする利己的行動を取るのではなく、利他的なコミュニティであることが重要だ。

学級のコミュニティは、その学級の数だけ特性がある。その特性は「こうだ」という限定的なものを明示することは難しい。むしろ、それぞれの学級は「全体的な感じ」としての特性をつくりだし保持していると考えられる。そうした特性は、生徒や教師の相互作用によってつくられ、ときには学級コミュニティの形成や崩壊に活用される。その崩壊を恐れる教師は自らの考える方向での集団づくりをおこなうとき、学級集団の特性を変容させてしまう。そうした教師一人の力でコミュニティをつくることは、ほんらいコミュニティがもっている特性を活用できない。負のイメージに懸念を抱くよりも、教師自身が学級集団のコミュニティのもつ特性を活用することが学級集団づくりには有効だと気づかなければ、これからの学級集団づくりはできない。「コミュニティの力でコミュニティをつくる」。生徒が生徒自身の手でコミュニティをつくることによって創発学級はつくられる。

注

(1)　佐藤学氏の研究は多数あるが、ここでは、広く世に訴えているという視点から、手に取りやすく焦点化された、岩波ブックレットのシリーズをあげたい。『「学び」から逃走する子どもたち』(二〇〇〇、五二四号)、『学力を問い直す―学びのカリキュラムへ―』(二〇〇一、五四八号)、『習熟度別指導の何が問題か』(二〇〇四、六一二号)、『学校を改革する―学びの共同体の構想と実践』(二〇一二、八四二号)。一連の研究を通して佐藤氏が述べているのは、反格差主義ともいうべき、すべての子どもに対するまなざしと、真の意味での学習の質の向上への願いなのだろう。

(2) 本書では、以下に「創発学級」「創発信頼型学級」という学級経営スタイルの概念が出てくる。ほぼ同義の概念であるが、学校現場における教育実践では創発を生み出す環境としての信頼の醸成が不可欠であり、その点を強調したい際には創発信頼型と表現している。

(3) 創発に関する参考文献としては拙著 二〇〇八 『自己組織化する学級』誠信書房、をあげておく。複雑系の考え方を教育に援用した石戸教嗣 二〇〇三 『教育現象のシステム論』勁草書房、も参考になる。複雑系の考え方について、もはや古典ともいうべき存在が、河本英夫 一九九五 『オートポイエーシス―第三世代システム』青土社、である。

第2章 学級集団のタイプ

第1節 「開かれた学級」―「閉じられた学級」の想起

学級経営は生徒たちの年齢、男女の割合、校種などにより工夫される。年齢や校種に応じた指導が適切におこなわれなければ、学級はうまく運営されない。そのためにも発達段階に応じた学級集団の指導が重要である。ところが、こうした学級集団の発達に伴う教育指導のあり方や集団発達の課題について理論的な考察をおこなった研究（蘭ら、一九九六、小川、一九七九）は、わずかに散見されるほどである。

小学校では一年生から六年生までの六学年、中学校や高校では各々一年生から三年生までの三学年で構成される。こうした学校および学級社会における経験をとおして、生徒は集団で行動するうえでの社会的な規範や行動様式を獲得していく。彼らは児童期から青年期における心身の発達上の差異は大きく、学級集団の指導においても、いわゆる発達段階に応じた指導が求められる。

現実には、担任教師のなかには過年度担当学級への指導スタイルを引きずりながら新年度の学級集団指導にあたる場合が少なくない。たとえば、小学校六年生を担任した翌年に三年生を担任した場合、どうしてもその発達上のギャップにとまどってしまう。理論的には「昨年までと異なる発達段階にある」生徒たちとわかっていても、ともすると六年生の生徒たちに指導したときと同じのようなスタンスで三年生の生徒たちにもふるまってしまう。

こうした認識や対応のズレが集団指導に反映されることが生徒と教師のあいだのズレやひいては集団不適応を生み、今日喧伝されている「小一プロブレム」や「中一ギャップ」を生む一因ともなっているのではないだろうか。

このような諸問題を解決するためには、学級集団の状況や生徒の発達段階に即した分析をおこない、これに応じた教育指導法を検討することが教育実践にとって有益である。

（1）学級想起

学級集団のあり方に関する情報を獲得する一つの方法として、学生を対象とし、彼らがこれまでに体験した実際の学級経験についての事例を収集した。

学級事例を収集するにしても手がかりがないと難しい。そこで、「開かれた学級」－「閉じられた学級」を一つのキーワードとして、これまでの学級経験につき自由記述を求めた。ここで示した「開かれた−閉じられた」概念は、調査に至るまでの段階で学級経験を収集した際に、「開放的な雰囲気の学級だった」「自由に友人同士が交流することができた」や、そういった反応とは逆に「学級に階層性があった」「閉塞感があった」というような、表現するときに「開放的、閉鎖的」というイメージが多くみられたので、学級を表象する概念として用いることにした。くわしくは蘭・高橋（二〇〇八a、四三−四六頁）、を参照し、表2−1、表2−2にそれらの学級集団の特徴を整理した。

検討対象は、このようにして収集された三四五事例であった。分析の手法としては、多くの事例から共通情報を抽出するやり方と、典型的な事例から多角的に考察し、分析する方法を併用した。

収集した事例（表2−3）には、小学校から高校段階まで、それぞれの校種における学級集団の様子が生き生きと記述されており、当事者であり観察者の視点からみた特徴的な学級の様子が表されていた。

このように想起した事例を採集し分析するには、いろいろなバイアスが生じることも否定できない。このことは、研究方法として事例調査法など質的分析を用いる研究領域が共通に抱く悩みでもある。

表2−1　「閉じられた学級」の特徴

・固定化した人間関係
・階層性の存在
・揺らぎのない閉塞感
・自己創出できずに他人の目を気にする

表2−2　「開かれた学級」の特徴

・開放的な雰囲気
・自由な交流
・新たな秩序やルールの出現
・変化と進化の連続
・自己創出する活動

表2−3　校種と学年ごとの事例数

校種と学年	事例数
小学校低学（1−4）年	65
小学校高学（5−6）年	128
中学校	85
高校	67

学級集団の経験を調査する際、学生になってからメタ的により高次な視点から自分自身の経験を振り返る内省報告は、その構造や機能を分析するうえで有効な調査方法である[(1)]。

第2節　四つの学級タイプ

記述された学級事例を、小学校低学年（一〜四年）、小学校高学年（五〜六年）、中学校、高校の四つの校種に分けて分析をおこなった。

それによると、想起された記述事例は、小学校高学年を対象にした場合が、もっとも多かった。そして、中学校の場合が二番目に多く、次いで、高校、小学校低学年の順であった。全事例から学級の全体的な特徴を明らかにするために「（活動の）主導性」と「（学級の）活動性」の二次元を設定した。学級で生起する出来事とそのときの生徒および教師の様子を、「その活動の主導性を担っているのは誰なのか」「学級の活動が積極的か消極的か」という主導性と活動性の次元から学級集団の状況を、類型化することを試みた（図2‒1参照）。その結果、二次元の組み合わせから、学級集団の四つのタイプを抽出することができた。

タイプの分類に際しては、著者一人を含む二名の評定者が別個に事例の約三分の一の事例について分類を実施し、その後 Cohen の kappa 係数による評定者間の一致率を検討した結果、一致係数は〇・九二であり、信頼性は十分であると判断された。以下、四つの学級タイプの特徴について説明する（図2

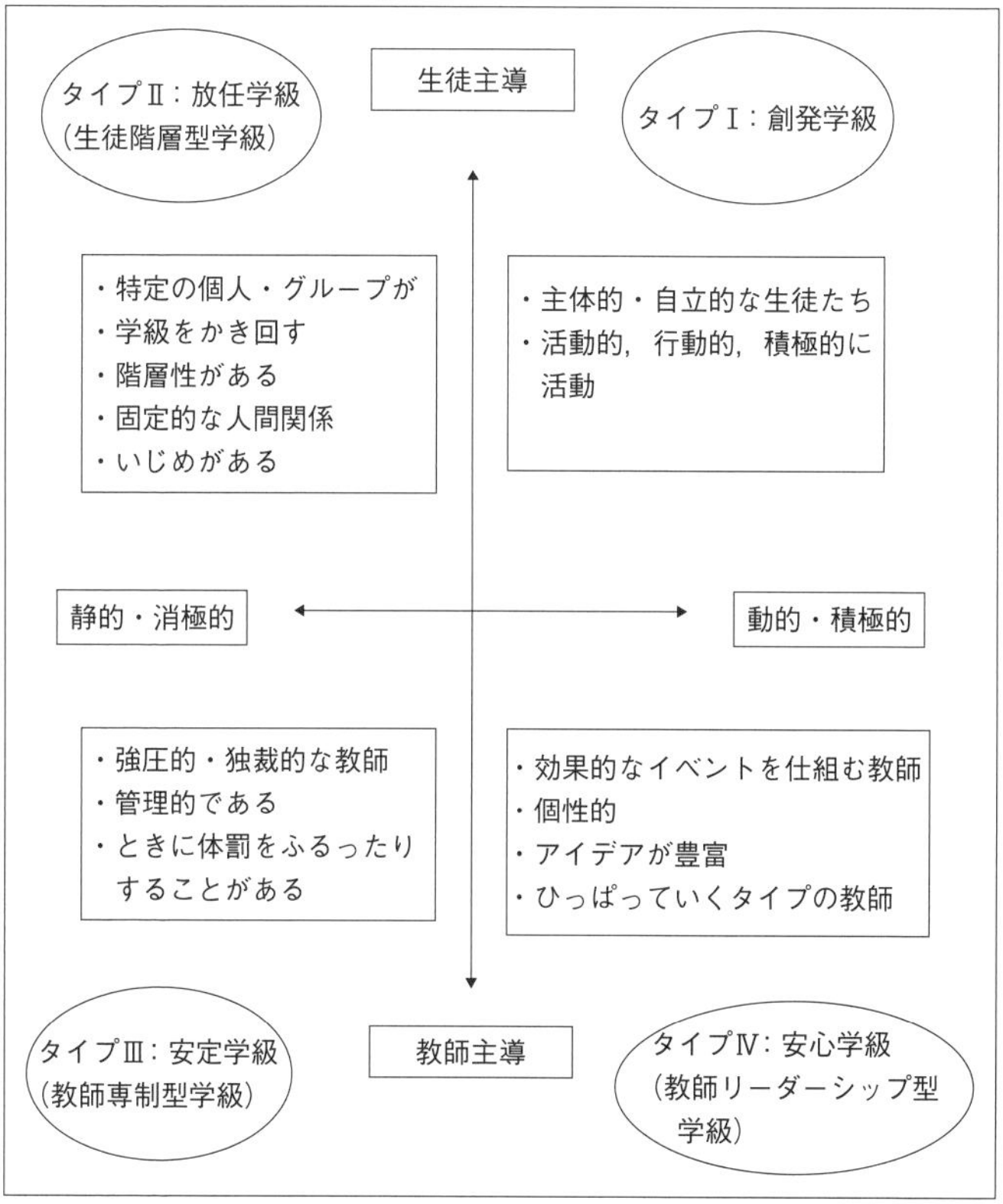

図2－1　主導性と活動性からみた学級集団の類型

－1参照）。

(1) タイプⅠ　創発学級

この学級活動は、前半の教師主導のスタイルから、後半以降において生徒たちが主導して自主的に積極的に活動するあり方に変化していくスタイルを取る。教師は、しだいに前面に出ず、側面からのサポートに回る。生徒たちの新たなネットワーク形成により、諸活動の展開において生徒間の協力や生徒たちからのアイデアなどが交換され、彼らが相互に影響しあうことで、関係性の変化がおこり、活動の新たな創発がおこり、新たな個人の自己創出がおこる可能性が高まる。この学級の特徴は生徒間に意見交換を生み、ネットワークの再構築により、生徒同士に浸透性がもたらされ、ほどよい変化が生じることである。

(2) タイプⅡ　放任学級（生徒階層型学級）

このタイプの教師は生徒たちの自主性を尊重するという名目のもとに、生徒たちの指導を放任している。その結果、その学級には固定的な人間関係が生じたり、生徒集団に階層ができたりする。また、学級のなかにいじめが発生し、学級が特定の個人やグループにかき回されるなどの特徴がみられる。

(3) タイプⅢ　安定学級（教師専制型学級）

教師が強圧的で管理的である。このタイプの教師は自分の意見を強制し、ときに体罰をふるうことがあるなどの特徴がある。生徒たちはこの教師に怯えているか、面従腹背の傾向がある。したがって、一見すると教師の指導に従って安定しているようにみえるが、生徒間にいじめの構造が潜んでいたりする。

(4) タイプⅣ　安心学級（教師リーダーシップ型学級）

このタイプの教師は、効果的なイベントを仕組むのがうまく、アイデアが豊富であり、うまく学級をリードしている。生徒たちは、すぐれた教師の指導のもとに安心して学級生活を送り、教師の指導に従いながら協力的に行動し、学級に満足感を感じている特徴がある。

こうした学級タイプ分類の妥当性については確認している（蘭・高橋、二〇〇九ａ）。科学的な妥当性以外にも、多くの学生や教員に分類をチェックしてもらったところ、実際の学級経験を分類する一つの方法として、実態を反映した分類であるとの感想が寄せられた。

第3節　学級集団のタイプと学級集団の発達モデル

それでは、先に述べた四つの学級集団のタイプは集団の発達に伴ってどのように出現するだろうか。教師の指導スタイルと学級集団の発達との関連でみていく（図2-2参照）。

(1) 放任学級

四月の学級開始期に、教師の指導が十分に行き届かない場合、「安心」が希求されるのは複雑性低減への要求の表れである。級友がどういう人たちであるのかがわからず、担任教師の人間性や指導方針も十分に理解できない状況は複雑性に満ちており、さらに教師の指導が効果的でない状態は、「**放任学級**」（タイプⅡ）ということができる。

放任学級においては、生徒間には階層性が存在したり、いじめがおこったりすることが多い。学級の

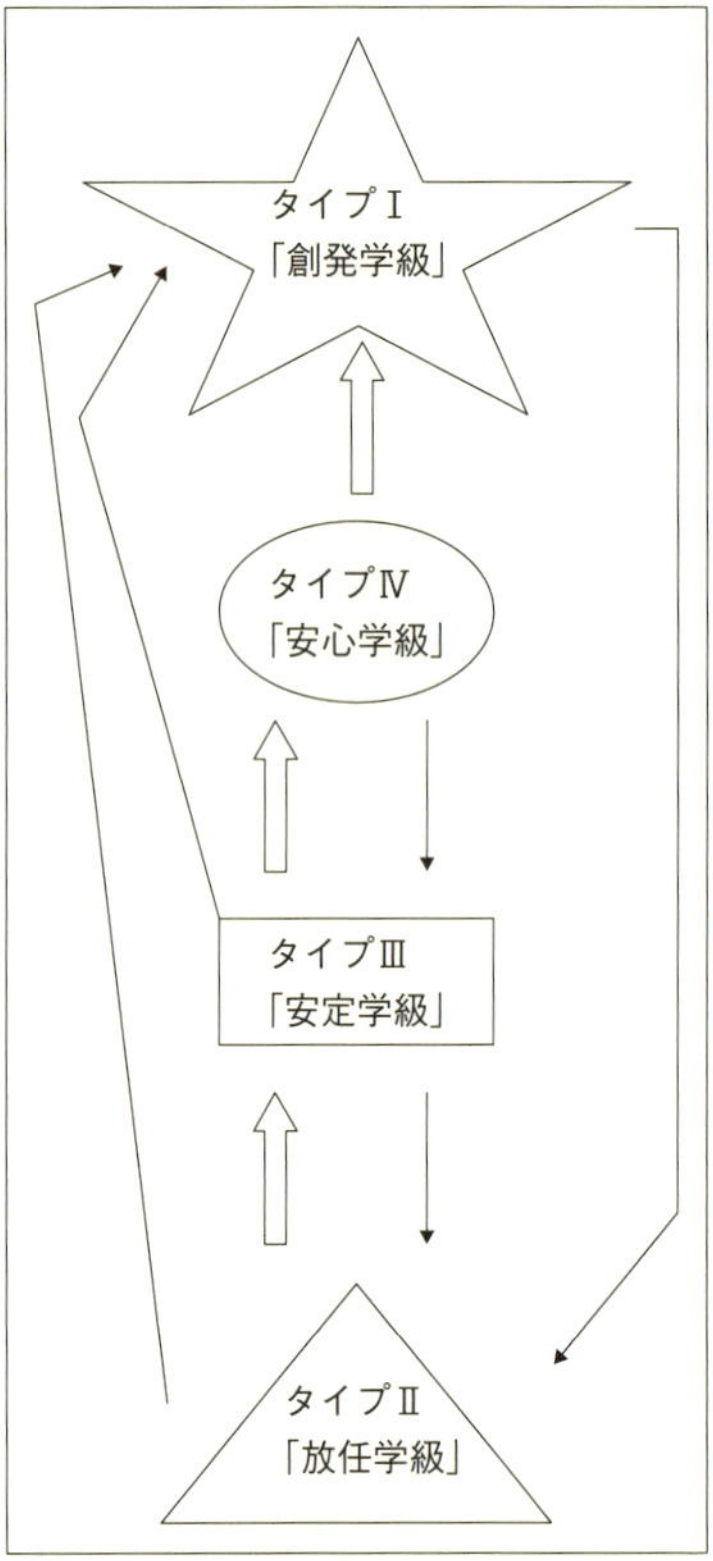

図２－２　学級集団の位相の変容モデル

状況が不安定な状態にあるためにその不安感の発露として暴力的になり、他の生徒への攻撃が始まることがある。

（２）安定学級

やがて、担任教師の介入や指導がおこなわれることによって、学級は表面的には安定する。生徒個々の自由なふるまいがある程度統制された状態である。生徒たちの行動が担任教師によって制限され、複雑性が低減するために安心感が出てきた状態だ。

たとえば、授業開始のチャイムが鳴ったらすぐに担任教師が授業を始め、掃除の時間になったらみんな（あるいは当番の生徒たち）で掃除し、休み時間は生徒たちそれぞれが教室や体育館や校庭で話をしたり遊んだりすると、そんな学級生活には日常的なリズムが形成され、安定した状態となる。

しかし、それが担任教師の高圧的な指導による場合は、一見落ち着いた学級にみえても、生徒たちはただ受け身的にその指導を受け入れているだけに過ぎない「**安定学級**」（タイプⅢ）である。前述した社会的な不確実性の低減された状態とは、タイプⅢの学級において担任教師の高圧的な指導態度によって、一見安定しているようにみえる状態を指す。

だが、安定学級には担任教師によって限定的な保証された安全はあるが、安心感は高くない。周囲の生徒たちに対する一定の安全が確保されたとしても、それは教師の指導に従わされているだけであり、それはどの生徒たちにとっても同様である。そのため学級の活動の多くが担任教師の考え方や価値判断に沿っておこなわれるために停滞し、生徒たちは自らの活動が教師によって制限されるために消極的になってしまう。担任教師の顔色をうかがいながら行動するようになる。

(3) 安心学級

「安心」とはこのような状態を指すのではない。一人ひとりの生徒たちの自由な活動を脅かすような他の生徒の勝手な行動が統制されるだけではなく、教師が効果的な指導で学級集団をリードしながら学級経営をおこない、それによって生徒たちの活動性が活発になってきた状態を「**安心学級**」(タイプⅣ)と呼ぶ。安心学級の教師はいわゆる高圧的な力でもって生徒たちを押さえつけようとは考えていない。押さえつける指導が生徒たちの活動性を奪い、積極性を喪失してしまうことを知っているからだ。そのため、担任教師たちはリーダーシップを発揮し、生徒たちの積極性や活動性を高めていく手立てを講じることに腐心する。そうなると、生徒たちは担任教師の庇護のもとで安心して活動をおこなうことができるのである。

（４）創発学級

安心学級に所属し、その学級が集団として成熟していくと、生徒たちはより主体的に自分たちで学級集団のふるまいやルールを決定したいと考えるようになる。担任教師の指導によって活動するだけではもの足りなくなり、生徒たち自身で活動を創造しようする欲求がわいてくる。そこには、生徒の活動を見守る教師と生徒の信頼関係、互いの活動を支える生徒と生徒のあいだの信頼関係をベースにした、個人と個人との関係が次の個人との関係性を新たに形成していくというオートポイエーティックな「**創発学級**」（タイプⅠ）が出現してくるといえる。学級集団とは、外界との関係性が遮断されたような山間のコミュニティではないし、実験室のような固定的な環境でもない。状況は日々刻々と変化し、人間関係も変容する。友だちだった二人がけんかをしたり、昨日まで口もきかなかったような生徒同士が一緒に活動したことをきっかけに仲よくなったりするし、休み時間に遊ぶ相手と学習中に話をする相手が違うことも多い。そんなことはわれわれだれしもが経験していることである。いつどんな反応をするのか予想もつかない、そうした学級のなかの複雑な状況においてさえ、積極的に活動するような学級像を指すのだ。そうした社会的に不安定な複雑な状況のなかで活動をおこなうためには、生徒同士のあいだ、生徒－教師のあいだの信頼関係が不可欠であり、重要である。

実際に収集したタイプⅠの事例には、教師はあくまでサポート役となり、生徒が中心となってルールを策定し、自主的に学級集団を運営している事例が数多く含まれていた。

それではこうした状況の不安定さや複雑さのなかで信頼感を醸成し、創発学級を形成するにはどうしたらよいのだろうか。このことは第４章で考察する。

第４節　位相と移相

学級集団は同じ成員の構成で一年間（あるいは二年間）という長い時間の経過に伴って、それぞれの学級タイプの特徴をそのまま維持しているとは限らない。一つのイメージで学級が語られることもあれば、時間の経過とともに学級集団が変容していくことも十分に考えられる。集団にはいくつかの「位相」、すなわち顔がある。本書では、一つのイメージで記述された事例を「一位相」の学級集団と呼ぶ。ところが、事例の中には一つの位相から転じて別の位相へと変容するものがみられた。このように変容して二つの異なる位相（顔）を見せるようになった事例を「二位相」の事例と呼ぶことにする。これまで収集した事例には、さらに変容した場合である「三位相」の事例を確認できた。表２−４は、校種、学年ごとに各位相がどのような割合で出現しているのかを示している。

(1) 全体的な特徴

学級集団を語る（記述する）ときに一つのイメージで表現された一位相の事例と、集団の変容が記述された二位相や三位相の事例にはどういった特徴の違いがあるのだろうか。位相が増えていくことは、それが、よい方向へと向かったかどうかは別として、学級集団が「変容した」ことが強く印象に残って

表2－4　各移相の出現率

		小低学年	小高学年	中学校	高校
三位相	出現数	0	6	1	1
	出現率	0%	4.7%	1.2%	1.5%
二位相	出現数	11	26	18	10
	出現率	16.9%	20.3%	21.2%	14.9%
一位相	出現数	54	96	66	56
	出現率	83.1%	75.0%	77.6%	83.6%
総事例数	出現数	65	128	85	67
	出現率	100%	100%	100%	100%

いる学級事例といえる。

表2－4を参考にすると、小学校低学年と高校がそれぞれ一位相の出現率が八三％以上を占めており、複数位相の出現率が一六～一七％であったことがわかる。これに対して、小学校高学年と中学校ではそれぞれ一位相の出現率が七五～七八％を占めており、二位相以上の出現率がともに二二～二五％であり、とてもよく似た傾向にあることがわかる。これはいったいどうした理由によるのだろう。

小学校の低学年では、生徒の心身の発達がまだ未成熟な段階にあり、教師の強い指導力によって、生徒たちの基礎的な学習や生活習慣を定着させることを主な教育的目的としているために、生徒たちの自主的な活動への期待はあまり高くない。それに対して、高校生ともなると、生徒たちで学校生活をどのように過ごすか、また今後の彼らのキャリア形成への取り組みを自主的に決められるようになる発達段階にあるし、教師たちもそれを前提とした指導をおこない、生徒たちの自主的な行動を期待しているのである。そのため、教師の影響力の強い小学校低学年と、その逆に影響力が少ない高校生以降の世代においては、教師の対応や生徒の反応は比較的安定していることが多く、形成された学級イメージは変容しにくいのではないのだろうか。それが一位相の多さの理由であると考えられる。

一方、小学校高学年と中学生の場合は、教師の指導をどのように受け入れるか、生徒たち自身の自我の主張を周囲との関係性のなかでどう折り合いをつけていくかに悩みながら心身ともに大きく変容し、発達していく時期にある。そのため、発達途上にある生徒たち個々人のみならずその彼らが所属する学級集団にも大きな葛藤や問題が生じたり、変容したりする時期である。そのために、学級集団の位相が変容することが多いのではないだろうか。

(2) 校種ごとの一位相の出現の特徴

校種ごとに位相の出現率や変容によって、どのような知見がわかるのか、さらにくわしく分析してみよう。

まず、一位相について考察してみる。記述に表れた事例の発達区分による四つの校種（小低、小高、中、高）ごとに、タイプⅠ～Ⅳのどの学級集団について記述しているのかの出現率を調べてみた。それが図2-3である。

それによると、小学校低学年の全事例において、タイプⅠに属する学級事例は、見当たらなかった。考えてみれば、小学校低学年の学級において、生徒たちが自主的に活動している学級は少ないかもしれ

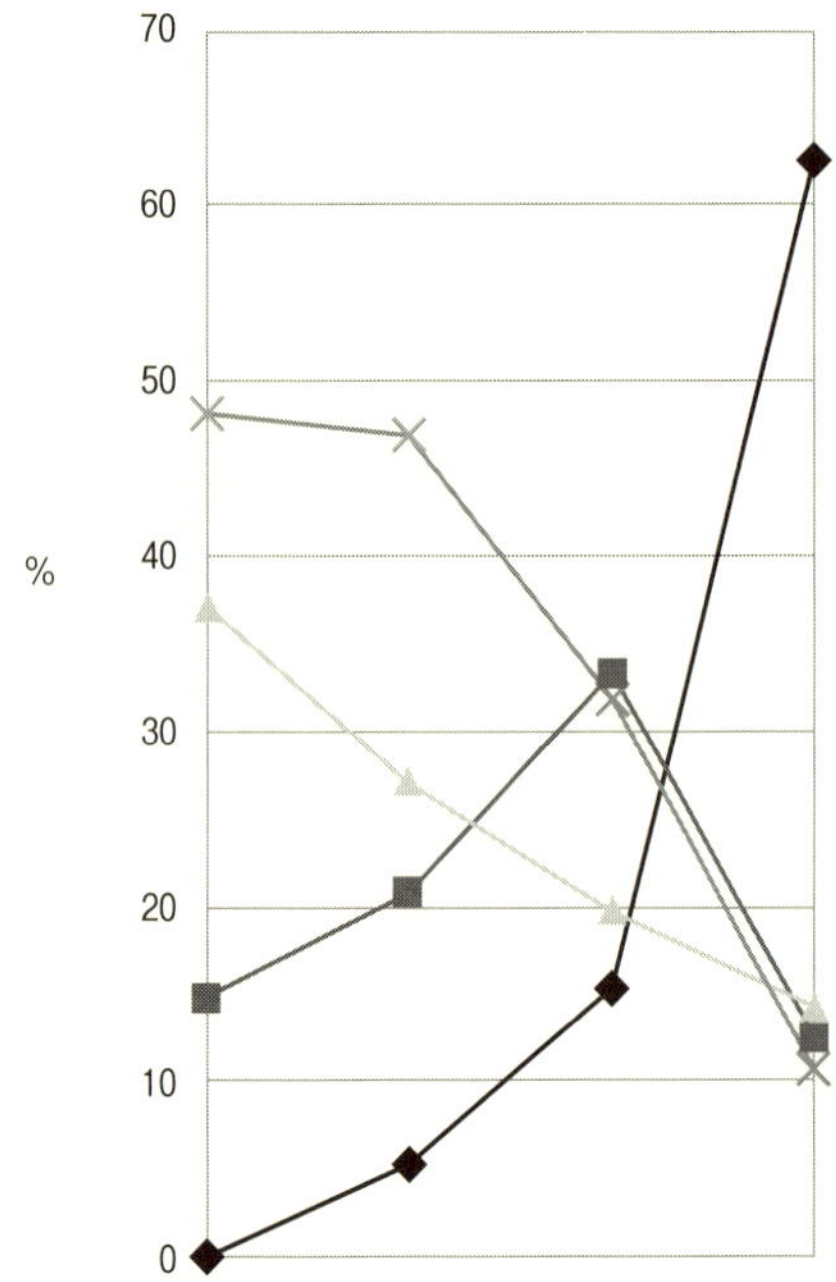

	小低(1-4)学年	小高(5-6)学年	中学校	高校
type Ⅰ	0.0	5.2	15.2	62.5
type Ⅱ	14.8	20.8	33.3	12.5
type Ⅲ	37.0	27.1	19.7	14.3
type Ⅳ	48.1	46.9	31.8	10.7

図２－３　一位相におけるカテゴリーごとのタイプ別出現率

ない。そう考えると、逆に高校時代にタイプⅠの学級事例が多いことがうなずける。この図をみると、高校時代の学級集団について記述した六〇％以上が、積極的に創発しあう学級事例だったとしていることもそうした証左であろう。生徒個人の心身の発達レベルが学級集団形成に影響を与えていることがわかる。

小学校時代は、低学年・高学年とも、多少の割合の違いこそあれ、タイプⅣ→Ⅲ→Ⅱ→Ⅰの順に学級事例が少ない。タイプⅢ、Ⅳは、分類でいうと、教師主導の学級タイプであり、タイプⅠ、Ⅱは生徒主導の学級タイプである。教師の影響力が小学校段階では大きいことがわかる結果となっている。タイプⅣの出現率はそれぞれ五割近くあり、低学年でも高学年でも大きな違いはなく、教師のリーダーシップは小学校段階の学級集団づくりに欠かせないといえる。

タイプ別の出現率によると、特徴的なのは中学校段階である。小学校低学年から中学校段階にかけて、教師主導のタイプ（Ⅲ、Ⅳ）が減少傾向にあり、生徒主導のタイプ（Ⅰ、Ⅱ）が増加していく。この時期は、生徒たちがもっとも揺れる時期である。教師の指導を中心にした集団から生徒たちが自らの手で学級を構築しようとし始める時期である。

うまく自立していく学級集団が築ければよいが、それも難しい。生徒主導の学級といいながら、タイプⅡの出現率が三割を超えている。いじめや階層性、グループ化などの負のイメージで語られる生徒集団の出現が増加しているのだ。この段階において、生徒の自主的な活動欲求への意思を尊重しながらも、適切な指導をどうおこなえばよいのか、教師の教育指導の難しさと課題があらためて浮き彫りにされたといえる。

(3) 二位相—タテ・ヨコ・ナナメの移相

次に二位相を検討する。二位相は複数の異なったタイプの位相をみせる事例であり、学級集団の変容があったことを示す。位相から位相への変容の様態は、「タテの移相」「ヨコの移相」「ナナメの移相」として表せる。様態については図2−4、5を参照されたい。この図の四つの次元は、前出の図2−1に対応しており、右上→左上→左下→右下の順に、タイプⅠ→Ⅱ→Ⅲ→Ⅳと対応している。たとえば、タテの移相を表す図2−4では、低学年のカテゴリーのうち一番上のもの（②）は、タイプⅢからⅡへの

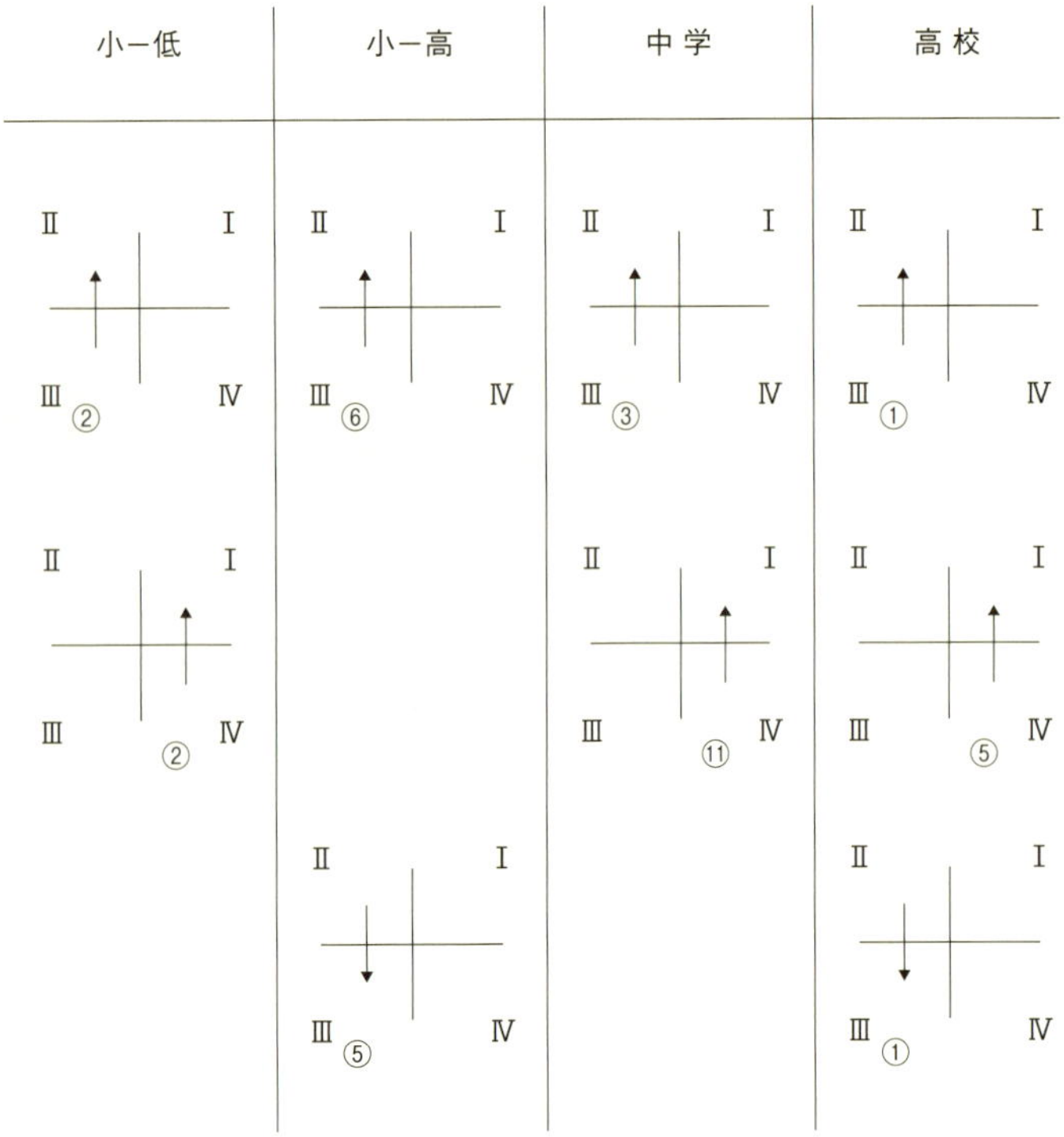

図2－4　二位相のタテの移相（図2－1の四象限と対応）

注）○数字は事例数。以下同じ。

移相が二事例であること示している。詳細にみていくと、一つ当たりの事例数は少なくなるが、傾向や特徴には興味深いものがある。

「タテの移相」は、いわば主導性の移行を示している。下部側から上部側への移相は、教師主導であった集団が生徒主導の集団への変容を示している。低学年から高校まで、どのカテゴリーにおいても、左側の（タイプⅢからⅡへと移相する）象限で下から上への移相がみられる。つまり、所属していた集団において、活動の主導権が教師側から生徒側への移行を表して

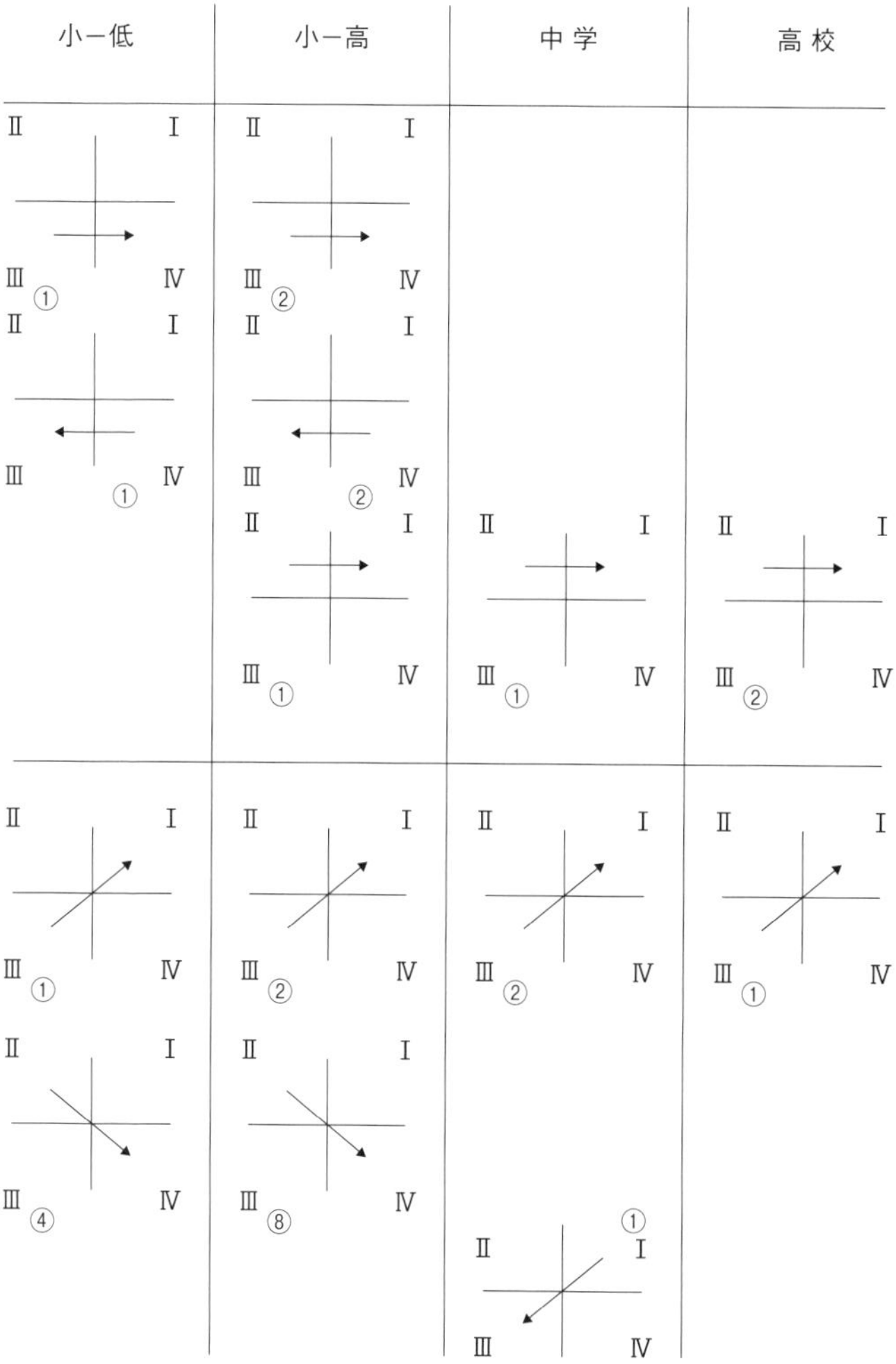

図2−5　二位相のヨコおよびナナメの移相（図2−1の四象限と対応）

いる。この傾向は、タイプⅢからⅡの左側象限ばかりではなく、右側象限のタイプⅣからⅠへの移相も、小学校の高学年以外の校種で確認された。その逆に上から下へと移相する例はタイプⅡからⅢへの例があった。

これらの移相は必ずしも好ましいものばかりではない。図2-4の一列目に表しているタイプⅢからⅡへの移相は、教師の管理的な指導から生徒階層型学級へと変容した例であり、タイプⅡからⅢへの移相は、生徒たちのあいだの階層を教師が統制しようとして管理的になった事例である。

どの校種にもタテの移相がみられることは特徴としてあげられる。学級集団の主導性を担うのが教師と生徒たちの一方から一方へと移行することはどの校種であっても生じることだ。また校種ごとにみていくと、小学校高学年では、タイプⅡとⅢの相互の移相がみられ、教師の強権的な指導の仕方によって生徒のあいだに階層性やいじめが生じたり、いじめを押さえようとして逆に教師の指導が管理的になり過ぎたりすることがわかる。

中学校、高校の校種では、主導権の移行のうち、タイプⅣからⅠへの変容事例が多い。これは、学齢の上昇とともに、生徒たちの自主性や自立心が芽生え、教師主導の指導でタイプⅣとして集団が形成された後、より自律的な創発学級、タイプⅠへと移相することを示している。

「ヨコの移相」では、小学校段階では低学年・高学年ともに下側象限のタイプⅢとⅣの相互の移相がみられる。これらのカテゴリーでは活動性の次元において教師の指導力や指導態度が集団変容に大きく影響している。生徒主導のタイプⅠとⅡを示す上側象限をみると、高学年以上の校種でタイプⅡからⅠ

への移相があった。これは、学齢の上昇に伴い、学級内のいじめや階層性のあるグループ化の状況を生徒たち自身による解決が不可能でないことを示している。生徒たち自身が問題を解決する過程で創発的な動きによって学級集団が変容していくのである。

「ナナメの移相」の特徴として、すべての校種に共通にタイプⅢからⅠへの移相がみられた。教師の管理的な指導に対して生徒たちが反発し、自分たちで学級集団をつくり上げたと考えられる。小学校の低学年と高学年の二つの校種ではタイプⅡからⅣへの移相が多くみられた（低学年、四事例、高学年、八事例）。いじめなどで集団として望ましい姿でなかった学級が、担任教師の指導により大きく改善していったのであろう。この傾向は、中学校以上の校種ではみられない。逆に、創発学級だったのが、途中から担任教師によって強圧的に締めつけられる、と報告した事例があったぐらいである。小学校段階での担任教師の関わり方が、学級集団には大きな影響を与えているといえる。

ナナメの移相は、とくに変容が大きい。主導性においても活動性においても移行しているから、生徒にとっても衝撃的な何かが生じたのであろうことは想像に難くない。発達段階における担任教師の関わり方や生徒の自主性のあり方について考えるときのヒントを数多く含んでいるのではないだろうか。

(4) 三位相の特徴

移相の分析の最後に、数は少ないが三位相について検討してみよう。三つの位相を移行するこのタイプは、校種のうち、小学校低学年には一例もみられず、小学校高学年で六事例、中学校と高校で各一事

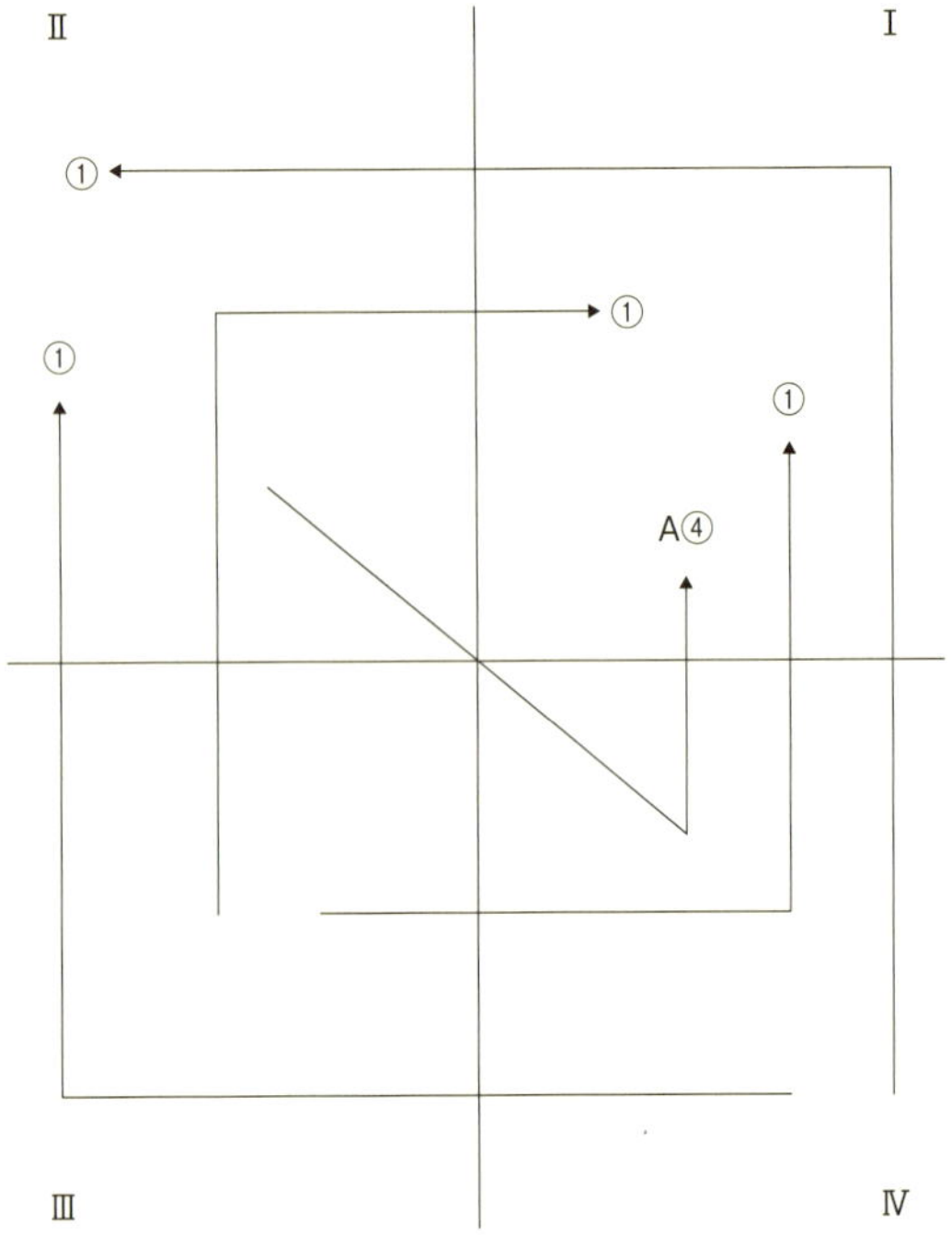

図２－６　三位相の分布（図２－１の四象限と対応）

例ずつがみられただけであった。図２－6のうち、Ａパターンのみ、小学校高学年二事例、中学校、高校で各一事例ずつあわせて四事例あり、それ以外はすべて小学校高学年の事例が一事例ずつだった。小学校高学年の学級集団について想起した場合に三つのタイプを移相するということからも、小学校の高学年時代の集団指導の難しさを感じることができる。

　学級集団には位相があり、それが継続的な場合（一位相）と移相を示し変容していく場合（二移相、三移相）とがあることが確認できた。これまでの学級集団研究においては、時間的な経過とともに学級集団が変容し成長していくことを指摘してきたが、実際的な態様の変化を十分に把握し説明できていなかった。本章では、そうした集団変容の位相や学齢などの観点を設定し、学級集団の発達的変容についての特徴な理解が可能になったことを示すことができた。今後、さらに学級集団発達の変容のメカニズムについて明らかにすることが、学級経営の実践に寄与するポイントであるといえよう。

注

(1) 調査方法に関する参考文献は多いが、社会調査研究に関するものとしてここでは、盛山和夫　二〇〇四『社会調査法入門』有斐閣、をあげておく。

第3章　「共同」を生む集団づくり

第1節　安心を生む創発学級

学級経営は教師にとって大きな関心事の一つである。学級経営がうまくいくことで、学習指導や生活指導が効果的におこなわれると感じる教師は多い。いわば学校生活のベースが学級経営であり、多くの教師が学級経営に腐心している。そのため、自分の学級経営をふりかえろうとする教師は、(質問紙や諸テストなどの) さまざまなツールを用いて学級を診断し、自分の学級についての適切な指導法を模索している。

伊藤（二〇〇〇）は、学級経営の研究方法として、学級観察に加えて生徒面接を併用し、「学級風土」の概念を提案した。それによると、研究者が観察した事例と生徒面接による内省報告は概ね合致しており、いわゆる生徒の視点から教師の学級経営を検討する妥当性が示された。実際に、当該学級の学級像を把握すること自体が問題解決の一つでもある。

第2章で紹介したように、われわれは、学生たちの内省報告にもとづき学級分類をおこない、その分類の妥当性については第2章第2節で示している。ここで注目したいのは、学級集団の変容は集団発達の変容過程ととらえることができることである。

信頼が対人関係や社会の動きを円滑にする大きな要素であり、学校や学級においても信頼が重要な概念であることは知られている。山岸（一九九九）は、安心と信頼について、社会的な不確実性や機会コスト（費用）の概念をもとにしながら、社会心理学的な興味深い考察をおこなっている。それによると、狭い集団の交流を中心とする社会はその集団の範囲において安心を生み出し、特定化信頼を醸成する。しかし、その集団の枠を超えた一般的信頼を育成することは困難であると指摘した。つまり、固定化されたコミットメント関係は社会的な不確実性を低減させ、そのことによって安心感を生むという。だが、集団や共同体のメンバーが変わることでその状況が変容しやすい場合、一般的信頼を醸成するわけではないという。

さきの山岸の考え方を参考にすると、社会的な不確実性が少なく、いわゆる安定した学級は「安心感」を生むが、「一般的信頼感」を育成しているわけではない。本当の意味において、一般的信頼が必要となるのは、仲間集団などとは違って、安定していない状況のとき、いいかえると安心感が損なわれかねない未知の人たちとの関係においてである。

学級集団において安心と信頼は異なるものである。これは山岸（一九九九）も指摘しているとおりで

表3-1　信頼のタイプとその特徴

信頼のタイプ 特徴	道徳的信頼 (アスレイナー，2004)	戦略的信頼 (山岸，1999)	ネットワーク信頼 (蘭・高橋，2014)
研究の対象領域	社会学・道徳教育	社会心理学・ゲーム理論	教育社会心理学
特　徴	・不特定他者に対する一般的信頼	・特定の個人に対する信頼（特定化信頼） ・目的達成のための戦略的信頼	・生徒相互，教師－生徒間の自由な接続によるネットワークの構築 ・目的的（コンサマトリー）な活動に対するサポートへの信頼

ある。しかし、学級集団では、安心感が形成されることなく、信頼感が醸成されることはない。安心して生活することや学習することを抜きにして信頼感は育たない。学級経営で難しいのはまさにこの点である。教師が介入することで学級集団は一見落ち着いた安定した学級になる。しかし、担任教師がそうした指導態度を継続したり、あるいは強化したりすることは、安心感を補強するよりはむしろ生徒たちに委縮させたり、追従させたりすることを促すことになりかねない。学級集団における信頼は、安心感を確立させ、目標達成することよりもむしろ目標達成のために十分知り得ていない学級内の人々と協力し信頼しながら活動しようとすることが求められる。発達段階の途上にいる生徒にとっては、級友たちとの関わりにも不安が多く、特定化信頼と一般的信頼とのあいだの微妙な状況におかれている(表3-1参照)。

ここに山岸が想定する社会集団と学級集団とのあいだには大きな「場」の違いがある。学級集団では安心感の増大すなわち社会的複雑性の低減は消極性や活動の不活発さにつながる。それは担任教師の存在のためである。学級集団においては、集団内部で相互作用をおこなうことで社会的な不安定さを解消していくのではなく、生徒の保護や安心を標榜して教師がトップダウン的に（あるいは独裁的に）つくり上げた安心社会であるからだ。しかし、このような学級は担任教師にとって制御しやすい安心感のある安定学級でしかない。担任教師自らルールを策定し、生徒の突発的でイレギュラーな行動を抑え込むことで安定をつくり上げている状況は、教師のために社会的な複雑性を縮減しているが故の安心でしかない。生徒たちが必要とする安心感は、自分たちの活動を保証してくれる安心感であり、教師の指導を受けながらも生き生きと楽しく活動できる学級状況に関してである。

生徒たちは社会的な不確実さの低減のみならず、そこに自分たちの活動の満足さをも望んでいる。担任教師は、教師にとっての安定学級をつくりながらも生徒たちの活動性を担保するという、あるいは矛盾しているかのような両局面のあいだで学級経営を試行していくことが望まれる。それは、いわば結果に重きをおく達成型の目標遂行活動だけではなく、それと同様に、あるいはそれ以上に活動プロセスに大きな意味を見出す「コンサマトリー性」の目標への意識改革を促す。信頼をベースにしたネットワークのなかで、「なすことによって学ぶ」という生徒の活動を指導者として見守る姿勢が、教室内の数人の生徒間の特定信頼関係からネットワークを広げ、広く級友たちのあいだでの信頼という一般的信頼へと昇華する経路を確保することにつながっていくことが期待できる。

第2節　ネットワーク信頼

創発学級に不可欠な信頼に関する議論は、現代の教育課題と相まってこれからの中心的な関心となり課題となるだろう。本節では、従来の信頼の議論を整理しながら、ネットワーク信頼の特徴について考察してみたい。

さまざまな関係性や状況が錯綜し、情報が飛び交う現代はいわゆる危険やリスクが満ちているといっても過言ではない。それは一般的な社会だけではなく、かつて安全な場所といわれた学校も、いまや安全な場所とはいえない。自分以外の他者を信頼することは、一人では生きていけない人間にとって、そうした社会に生きるうえで必要かつ不可欠である。

こうした信頼にとって、「過去の経験」は重要である。なぜなら信頼は、過去の経験をもとにして一定の複雑性を縮減することで、未知の将来の複雑性を縮減しようとする営為である。そうした信頼の基盤になるのが「馴れ親しみ」であるとルーマン（一九九〇）(1)はいう。住んでいる場所や一緒に通った保育園など生活世界の馴れ親しみは、信頼の基盤をなすものであるとする。こうした馴れ親しみは、相対的に確実な期待を可能にし、そのことでリスクの吸収を可能にしている、とするルーマンの指摘（前掲書三〇頁）は、一般的な生活経験から考えても妥当であると思われる。幼馴染の友人のふるまいは想定できるものであり、ルーマンがいうように「誰であって誰でないか」という問いを拡げる必要はない。それは、確実に『その人』という意味・行動の主体を指すものであり、匿名性の必要はない。同時に、基盤的な馴れ親しみが信頼へと変容していくためには、匿名性の他者に向かう信頼性が必要である。この匿名性の高い他者への信頼をもつこと、馴れ親しまない他者への信頼を抱くことが信頼の拡大につながる。こうした匿名の他者への信頼と馴れ親しみを戦略的なツールという概念で、特定化信頼・一般的信頼と捉えたのがアスレイナーの信頼概念であり、他者への信頼の機能的な面から考察したのが山岸の研究であるといえるのかもしれない。

一方、本書で提唱する創発学級の基底となるネットワーク信頼の特徴は、これまで述べてきたルーマン[(2)]、アスレイナー、山岸らの信頼といくつかの点で違い（特徴）がある。一つは、匿名性の有無である。学級集団を対象とするネットワーク信頼は、原則として信頼の対象に不特定多数や匿名の他者を想定しない。もちろん学校教育を離れた場や年齢における信頼の対象としての不特定多数は想定できるが、学校や学級における信頼としてのネットワーク信頼は、その対象は特定される。むしろ特定された非匿名性の人間関係のなかで生起する、信頼と不信の葛藤を活動のなかでどのように構造転換していくのかという点を問題にする。特定の他者に対する特定化信頼から抽象的なシステムに対する信頼のもちようを一般的信頼として転用することの困難さも信頼に関わる大きな問題であるが、それと同程度に匿名性のない学級集団における信頼と不信の葛藤解決へむかう活動を企図することは困難な課題であると思われる。そしてこれこそが本書で提案する創発学級づくりへのエネルギーとなるのである。

ネットワーク信頼のもう一つの特徴は、限定的な環境を対象とする点にある。学級集団は、これまでの信頼研究で対象とされた集団とは大きな差異がある。学校や学級においては、その成立した時点から解体の時点まで、日本では原則として一年間と決まっている。そうした限定的な時間や教室という環境のなかでの信頼は、前出したルーマンの信頼概念でいう、「馴れ親しみ」の段階と「信頼」の段階が混在する。狭い空間に居ることで生活世界の級友としての馴れ親しみが起こるのだが、学級活動を経ることでその級友たちがときとして違う顔を見せ始め、自分の知っている「彼」ではなくなる。われわれは日常的にそういうことを経験している。ある活動に取り組んでいるときに級友が見せる顔は別の顔となり、はっとすることがよくある。それまで既知である「彼」のなかに自分の知らなかった「異質な他者」が出現する。だが学級集団のなかでおこなわれたそれまでの学級活動や経験のネットワークをとおして、その他者に対する信頼を形成する過程が生じる。他者の顔を見せる彼もまた信頼に足る彼なのだと。ネットワークに結ばれた「彼」にも「異質な他者」にも信頼を寄せること、このことが目標達成だけでなく、学級活動をとおして生起するコンサマトリー性の自己目的的な活動に没頭する他者に寄せるネットワーク信頼の特徴なのである。慣れ（ルーマン流には「馴れ」）親しんだ想定される級友の姿だけではなく、状況に応じて顔を見せるいつもの級友とは違った個性的な側面に対しても、恐れたり拒否したりすることなく、それまでネットワークを結んでいた彼の別の顔が現れた事実を受け止めて信頼関係を構築し続けることが、学級集団におけるネットワーク信頼である。異質な他者、異質な表情を受容すること、こうした信頼の構築は、学級集団に起こる諸問題、たとえば「いじめ」や「からかい」に対抗する術としても期待できよう。

第3節　学級集団を共同体（コミュニティ）と考える

それでは、つぎに、生徒が自主的に活動し、相互に高めあう集団として成長させるための『学級』というコミュニティ」へと視点を移して、集団づくり、コミュニティづくりをおこなうことを考える。『コミュニティ・オブ・プラクティス（実践コミュニティ）』とは、ウェンガーら（二〇〇二）によって紹介された「共通の専門スキルやある事業へのコミットメントによって非公式に結びついた人々の集まり」を指す（前掲書、一二頁）用語である。ウェンガーらのこの概念を用いて、イベント等への参加を促し、生徒たちの活動を保証するような学級経営をおこなうこと、いいかえると学級をコミュニティ化することは大きな意義があるといえる。

担任教師がリーダーシップを発揮し、指導に工夫を凝らし、生徒たちが安心して活動できるような安心学級になったとしても、その学級は教師主導の集団から脱却していない。生徒たちが安心学級から自律的に活動する創発学級への転換はそれほど容易なことではない。それを可能にするヒントが第2章で紹介した学生による学級経験を収集した事例にある。

創発学級を具体的に記述した事例には、学校行事やイベントに対する生徒たちの「コミュニティ」への参加の様子が語られることが多かったし、その創発学級は多くの教師が経験していたこともわかった。

ところで、コミュニティは、ときに一つのイキモノのように単体として捉えられることが多いが、じつは複数形で存在する。前出のウェンガーらの著書の原著版タイトルは『Cultivating Communities of Practice』であり、「コミュニティーズ」と複数形で表現されている。翻訳するばあいには、こうしたニュアンスはうまく伝わらないが、著者らが想定しているのは複数形のコミュニティであることは明白である。そしてここでいうコミュニティ（ーズ）とは、一つの目的のもとに集ったメンバーで成立しているコミュニティは、その参加メンバーの背景にあるコミュニティをも含んだコミュニティである、ことを表している。表面的なコミュニティだけに目を奪われるのではなく、そこに埋め込まれているネットワークへの配慮の必要性を訴えているのである。

これまでの学級集団に対する考え方は、学級の構成メンバーである子どもたちの個性を認めながら教師が指導を加えて学級という一つの集団を運営していく、イメージであった。

学級の活動は多岐にわたる。日常の生活指導、学習に関すること、学校行事への対応はもちろんのこと、ときには家庭や地域との連携を要請されることも多い。そうした場面に対して、教師は個々の生徒の適性を考慮しながら集団運営をおこなうことが求められる。勉強の得意な子、運動の得意な子がいる。合唱の指揮が上手な子、劇の大道具づくりが得意な子もいる。それらの特性を見極め、さらに彼らが育ってきた多様なバックグランドとしての家族とその歴史的な背景をも理解し、理解しようとする態度をもちながら、集団として効果的に成果をあげられるように判断して指導をおこなうことは難しい。

(1) コミュニティの視点から学級経営を考える

学級経営を効果的におこなえていない教師のタイプとしては、蘭・高橋(二〇〇八a)をもとに考察すると、つぎの二つのタイプが考えられる。タイプⅡの学級として報告されているような放任学級の教師がその一つの典型例である。学級経営に自信や関心がなく、生徒に対する適切な指導をおこなわずに放任してしまうのだ。もう一つのタイプは、ある意味、教師としての使命を強く感じる教師が陥りやすいタイプの教師像がある。自分が何とかしなければと思う教師は、過剰に指導を意識してしまい、生徒を管理し教室が安定するために行動してしまう。その結果、生徒の反発や、その逆に生徒の無気力さが生じて学級経営がうまくいかなくなる。

こうした二つのタイプの教師は、子どもたちの背景にある家族を含めたコミュニティに対する理解が十分ではない。教室内で教師が感じている状況は、生徒が表出するメッセージの一部でしかないし、その表出もまた生徒のコミュニティの一部でしかない。感じ方や考え方を共有しようとする営為や努力なしに、教室の場面への介入を忌避したり、自らの意志のみを学級のコミュニティのルールとして統制したり管理しようとしても、それでは効果的な学級経営ができないことは十分に予想できる。

学級における教師のスタンスは、学級経営を考察するときに管理する立場やときには統治する立場からのものが多かった。このことは制度上やむを得ないであろう。しかしながら、そうした視点からの指導では学級経営が成功しないことは明らかである。多くの教室で教師たちが悩んでいる学級経営を改善するためには、視点の変更が必要である。すなわち「学級共同体(コミュニティ)への参加」という視点への変更である。

（2）多様性を活かす

学級集団の状況に参加する主体である教師や生徒は、多数であり、多様な存在である。そこで生じる関係性もまた多様である。そうした多数の主体が集まることで一つの社会、コミュニティを形成する。そのため、学級集団は複雑性が極めて高く、またその集団におけるコミュニケーションの方向性や強度は可変するのが自然である。だが、教師は学級経営をおこなうときに生徒の安全を管理するため、また自分自身の安心のために教室内のコミュニケーションのありようやコミュニティとしての学級社会を統制しようとしてきた。多様な学級社会に一つの一方的な視点をもち込んできたのである。

多様で複雑なコミュニティーズの集まりである学級集団においては、各自の参加の様式は変わりつづけることが基本である。一人の生徒がすべての場面において中心的な役割を果たすことはないし、今日と同じ顔（面）を明日もみせるとは限らない。積極的に教師に協力してくれる生徒が、次の瞬間背を向けて離れていくことはそう珍しいことではない。それが教師にとって都合が悪いと感じるのは、教師にとって都合のよいことだけが起こることを期待している視線があるからであろう。集団は決して一様なふるまいをおこなうことはないし、一つの視点から眺めることも眺められることもない。それなのに教師という一つの視点からの観察が集団や個人のふるまいを決定しようとしたのでは、コミュニティーズが消えてしまう。成員の多様性とは、それをみつめる視線の多様性に支えられていることを教師は忘れてはならない。

集団発達の観点からも同様のことがいえる。学級集団の発達については、どちらかというと、直線的で一義的な発達過程が想定されていた。これもある意味において、四月に学級が始まり、翌年の三月には完結せざるをえない時間的な制約のもとに編成された学級集団の特性に起因するものである。このことが教師の一義的な集団観や統制への過度な信頼を生んできたともいえる。

コミュニティには一義的な発達はないし、内部では常に変化が生じている。特定のリーダー（学級においては多くは担任教師がこの役割を担うのであるが）の意図に反して、内部において自律的なオートポイエーティックな活動が生じることがある（蘭・高橋、二〇〇八ａ）。リーダーの思い描いたようには収まりきらない活動が生まれることがある。本来的に多様な集団には固定化されたあるリーダーが統制を継続し、中心に居つづけることはありえない。そういう意味において、学級という多様性を抱えたコミュニティには中心はないといえる。いわゆる一義的で恒久的な中心性（リーダー）はむしろ排除することが望ましい。「生徒が中心の学級づくり」と標榜する学級で、生徒が中心の学級を他ならぬ教師がつくろうとしているのは皮肉である。肝要なのは、いつ、どこで、だれが中心的な役割を担ってコミュニティに参加するのか。それに対して、周辺から他の参加者はどのように対応し協力し、関わりをもっていくのかということなのではないだろうか。

このように、「多様性」を生かすことはコミュニティとしての学級集団を考えるときの重要なキーワードとなる。後の章でも言及したい。

第4節　コミュニティという「場」を活用する

コミュニティとして学級集団をとらえることは、学級集団を社会的なものとして関与の仕方やふるまいを考察していくことになる。それは、これまで学級に生起する問題を教師や生徒個々の問題であるとし、あるいは生徒間、および生徒たちと教師の相互作用であるとした分析を傍系におくものである。実際に、学級の諸問題をみると、行為者たちが意識していない形で顕現化している事例が多い。「初源の偶発性」や「ミクロな変動」が学級集団の変容を引き起こしているという蘭・高橋（二〇〇六）の指摘のように、わずかな集団内の変容が学級全体に及んでいることが多い。友人同士の何気ない悪ふざけがいじめへと変容し、やがて学級全体がぎすぎすした険悪な人間関係に満ちあふれ、教師が気づいたときにはすでに大変な事態に陥っていたことなどは、実際の学校現場から聞くことができる。しかも重要なのは、こうした事態に陥った原因やそのプロセスが当事者たちから語られることはほとんどないことである。彼らは何も気づいていないか、当事者の語りが十分な事実を語っていないことが多いのである。そのため事例の詳細については事後に学校関係者などの事例検討者が参加した議論において分析されるのを待つしかない。

上述の例でいうと、仲のよかった友人同士が始めた悪ふざけがいじめへと変質していった理由は、じつは彼らでさえよくわかってはいない。たとえば、友人とのゲームの貸し借りから二人の関係性が変化していったとしよう。部活動や学級集団の一員として一緒に行動してきた友人同士である二人にとって、ゲーム仲間である側面は、一側面に過ぎない。だが、ゲームを一緒にやったりする関係性は一側面でしかないが、それは決して関係性の単純さを表していない。ゲームをとおして二人に共通の友人が増えたり、学級のなかの話題の中心になったりすることもある。すると、これらゲームから派生した関係性は学級集団コミュニティにとってそれぞれ異なる人間関係の展開（関係性）を観察できることになる。多くの友人をもつ人間、話題の中心人物、人気者として認知されているかもしれない。もともとの個人から考えてみると、集団との関わり方については何も変わってなかったとしても、その個人のもつ多様な関係性は大きく変容していくのである。この視点はこれまでのような、いわゆる学級集団における関係性の構造に関する追求からは分析できないやり方である。全体の関係性の変質を分析しようとする試みである。コミュニティという自由に関係性が交絡する場を活用しようというのだ。

実践共同体としての学級

こうした発想は、実践と知識のありようについて、これまでの一般的な考え方に対する疑義を提出するとともに提案をおこなったレイヴとウェンガー（一九九三）のＬＰＰ（正統的周辺参加）理論による状況論の展開と通底している。彼らは、知識や技能が伝達されることよりも、実践共同体のなかで学習者がどのような位置や関係性をもち、その変容こそが学習であるとした。このレイブとウェンガーの考え方は、これまで学習が教師や教材からもたらされるものとしてとらえられていたことに反して、学習者がその属する共同体の一員としてどのような実践として学ぶ営為を意味づけているか、その実践的な学びの重要さを突きつけたのである。

　では、このＬＰＰの考え方は学級集団を考察するとき、どう位置づき、価値をもつのであろうか。たとえば、学級においてばかりではなく、社会においても互いに多少のいさかいはガマンしながら譲りあう風潮が近年大きく後退しつつあることは誰しも抱く実感である。他人と無理して関わりあいをもつくらいなら個人で過ごした方がよいし、友人関係のささいなトラブルに対しても騒ぎ立て、個人の権利を主張することが強まっている。

　「同じ学級集団に所属しているからといって、それがどうした」「友人と一緒に居たって楽しくないのになぜ仲よくしなければならないのか」などの考え方を突き付けられたとしよう。対症療法的に「その場をうまく切り抜けて」「ここは穏便に」という意識が強く働いて、そうした事態にいたるまでの教室内の関係性の改善に心がくだかれなくなっているのではないだろうか。その集団の学習者である生徒が集団経験をとおして学ぶことの一つに、実践共同体・コミュニティとしての学級内の関係性があり、中心と周辺の生徒の関係性を「動かす」ことが、学級生活にとって意味のあることである、とＬＰＰ理論は問いかけてくるのである。

第5節　Mくんを学級共同体の一員に

学習について内発的な動機づけが考えられるように、集団に対してもその参加意識や関与への欲求が高まらなければ、その集団の維持や活性化はおこらない。そのためにはどうすればよいのだろうか。ＬＰＰ理論は、知識を獲得するための学習そのものを目的とする現在の学校教育ではなく、何かを実践するための必要な手段として、または学習をとおして社会や共同体へのコミットメントを深めていくという意識の高まりが意欲を向上させていることを指摘する。

教師は、学校現場において学校または学級の諸々の集団所属を当然視し、学校行事などでは「集団で協同（共同して）活動すること」を目的の一つとして計画するなど、集団やグループでの（共同）活動を目的としてカリキュラムを計画することが多い。そのため、集団やグループでの活動を得意としない生徒やその学級集団になじめない生徒は問題視されることが少なくなかったのである。

次のようなＬＰＰ理論をベースとして指導をおこなった事例がある。それについてみていこう。

事例　LPP理論を背景としたMくんへの指導

Mくんのイレギュラーな行動と担任教師の対応

小学五年生のMくんは成績も悪くなく学級のなかではあまり目立つことのない、ごく普通の少年だった。彼には双生児の弟と中学三年生でスポーツに優れた兄がいた。五年生に進級した四月頃から、学級内の友人たちともめごとを起こすようになり、ささいなことでケンカして暴力をふるうようになっていった。Mくんの行動対策を考えた担任教師は、休み時間や放課後個別に相談したり、話を聞いたりした。ある時期までは、そうした担任教師の行動に安心したのか落ち着いた様子だったが、しばらくするとまた暴れるようになってきた。再び担任教師はMくんと話をしようとしたが、今度はそんな担任教師に拒否反応を示してしまうMくんだった。やがて拒否反応はエスカレートし、担任教師と一緒にいることをいやがり始め、教室にも入らなくなり、校舎内をうろつくようになった。

そこで、担任教師は彼をなんとか落ち着かせようと席替えをしたり、会話をする場を設けようと工夫したりしたがいっこうに改善しなかった。友人と集団で活動をさせようとしたが自分の気に入った友人とグループにならない限りはことごとくケンカし、そのグループに入ろうとはしなかった。学級の他の生徒たちが、暴力的でうろついたり、自分のわがままをいったりするMくんをしだいに避けるようになっていった。やがて、そんな彼の様子をみていた周りの男子の数人がしだいに担任教師の指示を聞かなくなった。

困り果てた担任教師は学校側に相談した。その結果、学年全体でMくんを含めた学級に対するケアを考え、対策を講じることになった。その学年は二学級であったため、隣の学級と合同で活動する機会を増やすことにした。

隣の学級の担任教師の指導

隣の学級の担任教師は、協同(共同)(3)で活動することを意図してはいたが、Mくんの担任教師とは違って特定のグループをつくることを企図してなかった。活動によって、グループ構成も男女比も変えるし、人間関係に配慮したグループをつくることに腐心しながらも、それを教師主導でおこなったようにみせることはなかった。偶然のように、グループをつくることに腐心しながらもそれは密かに計算されていたのである。グループで活動することが目的であるならば固定化した構成員でさまざまな活動に取り組ませることが効果的であるが、活動を有効に遂行するためにグループを編成するのならば、そのときに編成されたメンバーで協力して活動に取り組むことは意味があることであると考えていた。

授業のスタイルとしては、リズムを大事にし、テンポのよさが持ち味であった。ときに雑談を混ぜながらも生徒を授業に集中させることが得意で、生徒は知らず知らずに学習や活動に参加している感じであった。その反面忘れ物点検や宿題を忘れることにはそれほどうるさくなく、教室にはいわゆる点検表のたぐいは一切なかった。基本的に教師は規律を重視してはいたが、学級目標もお便りのタイトルまでも完全に子どもたちの意見で決めていた。生徒が「お楽しみ会がしたいんですけど」とか「七夕の飾りつくりがしたい」と希望をいい出したときには、学級会でそれが決議されるとほとんど子どもたちに任せてそれぞれの会が開かれていた。生徒には、現在日本や世界で話題になっているニュースを話したり、中学や高校、ときには大学の話をしたり、いろんな情報を与えていた。

合同授業における他の生徒たちの協力によるグループ学習への参加

そんな隣の学級と学校行事や算数の時間に混合して授業活動するようになったMくんは、当初授業に参加できないでいた。自分の思いどおりのグループ構成ではない集団に投げ込まれたのだから当然である。授業活動が始まりいつものように一人で思い通りに教室を出ていこうとしたが、隣の学級の担任教師はそれを認めない。Mくんが所属することになったグループの生徒たちもそれを許さなかった。自分たちが協力しなければ活動が遂行できないからだ。やがてグループ内では生徒同士が教師の指示がなくともＭくんの逸脱行動を制限するような方策を講じていた。Ｍくんの行動に目を光らせ「一緒にやって」「早くしないと他のグループに負けちゃうよ」と声をかけたり、隣に座る役割を決めたりして自分たちでＭくんを含めたグループの活動を効率よくする方法を考え、実行したのだ。否応なしに授業やさまざまな活動に巻き込まれていったＭくんはしだいにみんなと一緒に行動するようになったのである(4)。

この例のＭくんの担任教師はグループでの活動を重視し、Ｍくんをみんなと一緒に行動させようとした。そうした指導は常識的であるし、妥当な指導であったと思われる。しかし、Ｍくんはそれに対して拒否反応を示した。すると担任教師は妥協し、Ｍくんのいい分を聞いて席替えやグループ替えをしてしまった。それをみていた周囲の生徒たちは不満を募らせ、学級が全体としてぐらついていったのである。これに対して、隣の学級の担任教師は、活動の遂行を目的として活動によって可変しても対応できる個人やグループ、学級集団づくりをおこなっていた。男子だろうが女子であろうが、だれがいつどのように参加しても誰もが受け入れるような雰囲気づくりをおこなっていた。生徒だけでなく、ときには担任教師以外の教員を入れて授業活動をすること（ＴＴ：ティームティーチングを含む）も多かった。そのような活動を通じて学級集団やグループという共同体への参加意識や関与の度合いを高める指導がなされていたのである。まず集団に所属することありき、とする学級経営の考え方を前提とし、そのうえで学習や活動を仕組んでいくという発想ではなく、学級集団に所属することの意義や楽しさ、相互に関与し合うことの楽しさを指導の中心としていた。こうした指導はまさにＬＰＰ理論に通底する、共同体への関与の仕方を効果的に用いた実践であるといえよう。

第６節　コミュニティづくりのポイント

共同体への参加を生徒に意識づけることを集団指導に活用するためには、どうすればよいのだろうか。

共同体（コミュニティ）として実践をおこなうことで多くの人間が個々に保有していた暗黙知を交流しあい、それによって成果をあげていくことを解説した前出のウェンガーらによると、コミュニティづくりのための原則として七点をあげている。

①進化を前提とした設計をおこなう
②内部と外部それぞれの視点を取り入れる
③さまざまなレベルへの参加を奨励する
④公と私それぞれのコミュニティ空間をつくる
⑤価値に焦点を当てる

⑥親近感と刺激とを組み合わせる
⑦コミュニティのリズムを生み出す

これらの七つのポイントは、コミュニティづくりから学級集団を分析するときの有効な視点である。前出の事例の共同体への参加意識を育てることで学級集団への関与を高めている「隣の学級」を例に考察してみよう。

（1）進化を前提とした設計

いろいろな活動に応じてコミュニティを可変させ、あらためて組織づくりをおこなうことは、みんなが参加者の個々の特性に注目し、それを触媒としながら次々とコミュニティを発展させていくことにつながる。このウェンガーとレイヴのコミュニティ論は固定化した共同体論とは大きな相違がある。Ｍくんの所属学級の担任教師も彼の変容を期待していろいろと手を尽くしてはいたが、根本的な部分であくまで教師主導の傾向があり、学級組織の変容にはつながらなかったのではないだろうか。

（2）内部と外部の視点

学級集団においては、まず教師がその学級の生徒たちの特質を見抜くことが不可欠である。「見る」ことによって学級コミュニティをより活性化させる方策を考えることができる。同時に、教師一人では

表３－２　Ｍくんに対する対応の比較

隣の学級	視　点	Ｍくんの学級
グループの形態や構成を変化させながら，生徒中心にした活動を行った。	1　進化を前提とした設計	教師主導で変化は少ない。特定のグループに固定した。
生徒の特性を捉えさまざまな活動に活用した。	2　内部と外部の視点	Ｍくんに目が行き，周囲の子を活用できない。
得意な場面で中心的な役割を担うことを期待するが，そうではない場合もあることを認めた。	3　さまざまなレベルの参加	クラス全員に積極的な参加を求めた。
連絡ノートなどを通じながら，趣味など私的な情報交換をおこなった。	4　公と私の空間	生徒－生徒，教師－生徒関係は公的なものが多く私的な交流が少なかった。
いろいろな活動に積極的に取り組み，充実した生活を送っていた。	5　価値づくり	日常的な学習や生活の指導を重視し，多様な活動を仕組むことは少なかった。
生徒との適切な距離感に配慮し，踏み込みすぎず，目を離さず，を意識していた。	6　親近感と刺激	生徒への対応に熱心なあまりＭくんからは避けられていた。
お楽しみ会などの活動を有効に活用した。授業もテンポに気を付けていた。	7　コミュニティのリズム	生徒指導的な指導に熱心であったが，イベントを組んだりする余裕がなかった。

なく、他の教師の意見を求めたりして、学級の様子を俯瞰的に分析できるのだ。

(3) さまざまなレベルの参加

生徒のなかには、積極的に参加する子もそうでない子もいる。そのためには活発ではない（たとえば、途中からグループに入ってきたＭくんのように）生徒を活動に入れようとするリーダー的な生徒の役割が必要である。どんなレベルの参加の仕方でも、コミュニティへの参加者として受容することがコミュニティの柔軟性を高めることにもつながっていく。なにも、必ず全員が積極的な参加者である必要はないことを理解したうえでコミュニティを運営することが大切なのである。

（4）公と私の空間

メンバー同士の個人的なつながりはじつは重要である。公的な空間だけではなく、私的にも豊かな人間関係を築くことが、活動を活発にし、活発な活動によってまた人間関係を強化することにもつながっていく。

（5）価値づくり

コミュニティに参加しているメンバーに対して、このコミュニティに所属することの価値を伝えていかなければならない。学級独自のイベントを仕組んだり、活動したりすることによって学級のアイデンティティを高める教師もいるが、それはこうした価値づくりをおこなっていると考えることもできる。この学級では、教師は生徒に対して常にそうした価値づけをおこなっており、生徒たちも所属する充実感を抱いているのであった。

（6）親近感と刺激

教室において教師と生徒の関係性は親近感と刺激のバランスが難しい。生徒と親密になり距離感が近すぎると友だち感覚になる。そのため規律や自律を養うことが困難になるばあいが多い。刺激的なイベントを組み合わせ、違った面を教師や生徒が見せあうことがコミュニティを活性化させ、一体感を醸成するのである。活動に応じたグループづくりで刺激しあうことは、一緒に行動する「密度」をあげていく。

(7) コミュニティのリズム

いつもの恒常的な活動だけではコミュニティは停滞する。活気あふれるコミュニティにはリズムがある。安定したゆっくりしたリズムと刺激的で緊張感のあるリズムを組み合わせることが学級集団というコミュニティにも必要である。

第7節 コミュニティという学級集団観

学級集団をコミュニティという観点からみることは、これまでの固定的な学級集団観から解放してくれるであろう。教師が統制し、あるいは放任する学級集団のタイプから、生徒とともに共同体を形成していくイメージは、これからの学級集団には、必要な視点である。創発とコミュニティは共振的な関係があると考えられる。そうした点を勘案すると、学級集団をコミュニティづくりという観点から考えるとき、公共性という概念と教育の特性を検討することであらたな集団指導観が提案できるのではないだろうか。

注

（1）ルーマン、N．大庭　健・正村俊之（訳）一九九〇『信頼―社会的な複雑性の縮減メカニズム』勁草書房。第3章のタイトルにも「馴れ親しみと信頼」と明記している。
（2）ルーマンの信頼の系譜は、ジンメルにさかのぼり、アンソニー・ギデンズへと流れゆく。信頼と表裏一体となる危険やリスク、知と不知（無知）など概念の相違点はあるが、信頼に関する探究はこれからの教育的社会的な課題に有益な視点を与えてくれることが期待される。
（3）協同と共同は、活動形態や参加人数等により使い分けられることが多いが、定義が明確でない場合も少なくない。本書では、個別あるいは小集団の活動に関するものを「協同」、学級集団など、大きな成員によるものを「共同」と区別した。
（4）実践の収集を含め、本研究の一部は科学研究費補助金（課題番号22907014）（研究代表者　高橋知己）の助成を受けた。

第Ⅱ部

コミュニティから生み出される創発学級

第4章　公共の場としての学級社会

第1節　信頼を必要としなかった日本の社会、信頼を必要とするグローバル化社会

(1) 信頼を必要としない安心社会

日本の社会において、なぜ不自由な社会や個人が生まれるのだろうか。その理由は、日本の社会がもつ「信頼を必要としない安心社会」という特性にありそうだ。山岸は「安心社会」と「信頼社会」をキーワードにした一連の研究(1)をとおして、こうした日本社会の特質を考察した。それによると、山地や大きな川に隔された、他との交流が少ない古い時代の農村に象徴されるように、かつてわが国においては、本質的に「信頼」を必要としない社会であった。それとは逆に、現代のような高度な知識社会・情報化社会とは、「信頼」を必要とする社会だという。

日本の社会は、「外側」からのヨソ者を、信用できない存在として最初から警戒感を抱きながら接す

ることが多く、旧知の人々や自分の所属するグループの「内側」の人間としか付き合おうとしない傾向があった。「知らない人を信頼するなんてとんでもない、知っている人とだけ付き合うことが安心である」とする、だまされたり危害を加えられたりするリスクが少ないことを重要視する傾向があった、と述べている。

従来の日本人論においては、行動するのも集団の一員としてであるし、意思決定は他人の意見に流されやすい、などの行動様式が日本人の特徴であるといわれてきた。しかし、これではこれまで広く喧伝されてきたような日本人が「集団主義」だとはいえなくなってしまう。信頼を必要としない、社会に安心を求める、立派な「自分中心主義」である。

現代日本における社会構造の多くは、いまだに内向きのままである。特定の組織内における年功序列、タテ社会といった旧来の悪しきスタイルは、いろいろなシステムに隠然たる影響を及ぼしている。いわゆる「お上のご威光」は地方にいくほど厳然たる強さをもっているし、地方にはその地方独特のムラ社会が存在する。世界を席巻するほどの超一流企業内にも、自分たちの内側だけに通用するルールや言語、しきたりやシステムをもつ「ムラ社会」が存在する。独自のルールに縛られ、それがさらに細分化され、ムラ社会の下位の概念である出身地、学閥などがあり、それらに属する人々の行動がそれぞれの集団のルールに規定され、ヨソ者に対する冷たさは驚くほどである、と実感している人も多いのではないだろうか。「地方の時代」といわれているが、いまだに、地方から都市へと引越すことはできても、その逆は難しい現状にある。頑健なルールをもつ地方ほど、そんなルールもなく希薄な人間関係の寄せ集めである都会よりも、ヨソ者には寛容ではない。

日本型の信頼を必要としない安心社会は、現代において大きく変容している。内向きの安心感をエネルギーとして安定してきた社会は、いま揺らいでいる。内向きの閉鎖的な社会のなかにだけとどまることができないほど、この世界は流動性が高くなっている。この「日進月歩」よりも格段に早い「秒進分歩」とでも形容されるような変化の激しい新しい時代の波を押し戻すことはできない。

多少窮屈でも知り合いだけの内向きの社会のなかで、「空気」を読みながら適応していけば、たいていのことはやり過ごせるような（安住の）場はもうないといっても過言ではないだろう。知らない他者、ヨソ者とどう付き合っていくのかが必要な時代になった。いまや、わが国では、どんな片田舎に行っても多くの外国人が日本人と一緒に生活し、働いている多文化共生社会となっているのだ。

（２）信頼を必要とするグローバル化社会

政治学者であるアスレイナー（二〇〇四）は、知識社会における信頼のあり方について興味深い考察をおこなっている。「信頼は現代の概念であり、知識社会において大変重要である。非常に階層的な社会では構築されない」とするパットナム（二〇〇一）の言説を引用しながら、「封建制や階級に基づく社会では、社会的関係は、能力や人格ではなく、義務に対する期待に基づいている」と述べている。

つまり、伝統的な社会では、日常的に交流し、安定した関係性を保てる存在への特定化した信頼関係をもとにして、「こういう存在はこうしてくれるはず」との義務的な期待が信頼関係のベースになって

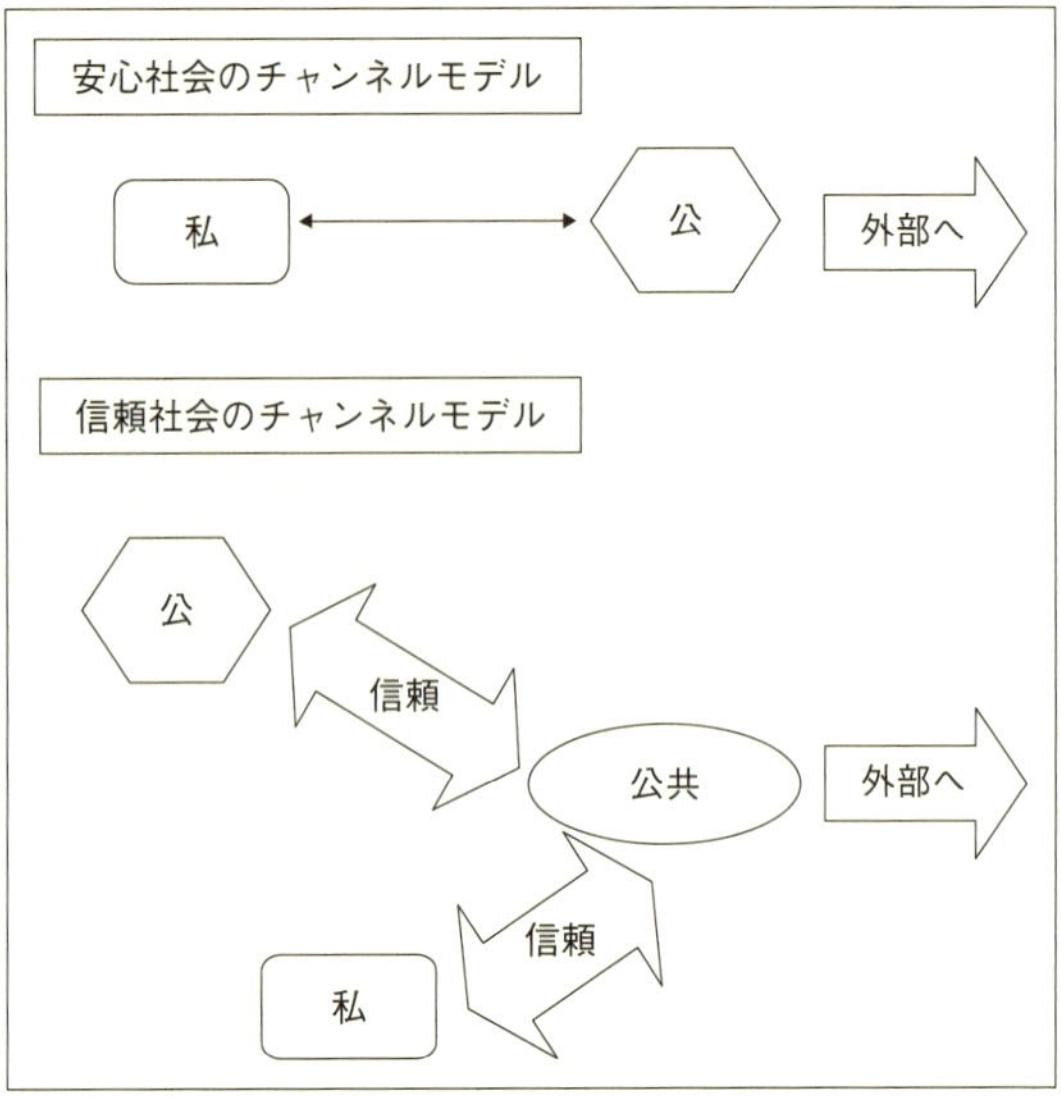

図４−１　外部へのチャンネルモデル

いるのだ。一方で、現代のように高度な知識社会が進み、人的・物的交流や情報の移動が大量にしかも高速でなされるグローバル化社会においては、特定化信頼ではなく、多くの人々を信頼しようとする普遍化信頼（一般的信頼）を育てていくことが求められている、という。

(3)「公」「私」から「公共」へ

「公」「私」の用語を用いれば、これまで自分たちの身の回りの安心を支えていた社会は、いわば「私」の領域だった。自分の感覚で信頼できる人たちとのみネットワークを保ち、そのなかで慣習化されたルールを用いて、暗黙のうちにことを処理できていた空間であり、村落共同体を単位とした共同しあえる領域であった。これが典型例であった。

そうした「私」の領域に対する外部からの接触は、なにかイベントがあるときやその参加要請がある場合など、「公」的な領域からのアプローチが中心であった。安心社会である「私」の領域にいるものにとっては、外部との関係性は「公」を窓口としていたもののみに限定されていた。

ところが、流動的でグローバル化の大波に巻き込まれている今日は、決まったチャンネルで外部からのアプローチがあるわけではない。いつ、どこから、どんな人々が訪問してくるかわからない。

これまでのような空間ではなくなってしまった。いま、私たちの周りには、見知らぬ誰かとの関わりを結ぶ窓が広く開け放たれており、その先は無限に広がっている。いつでもだれかからアプローチを受け、だれとでも関わることのできる世界が出現している。そこには、特定の見知った人間がいる「私」の空間や「公」の空間だけではなく、多くの人々が集合し離散する往来のような「公共」の空間が広がっているのである。

こうした公共の空間の扉を開くカギこそが「信頼」である。信頼感は関係性を広げるときに大きな役割を果たし、信頼することをとおして集団や社会が形成されていく。その信頼感を支えるのが「公共性」の考え方である。

第2節　「公」と「私」と「公共性」と

「公共性」の用語には、官製のイメージが付きまとう。「共通している」こと、「共有している」ことが共同体としての国家や社会を維持するために政治的にも社会的にも不可欠な要素であり、統御された社会をつくるためのシステムの大きな構成要件の一つであると考えることができる。

しかし、「共通している」ことは公共性の一つの概念に過ぎない。本書では公共性を、偏狭なナショナリズムを前提とした「国民共同体」の基本的な心性と考えているわけではない。むしろ、そうしたものとは対極にある、自律した社会（集団）の理念として「公共性」を据えたい。

「公共性」や「共同体」の用語が用いられるとき、一つの価値観にすること、単純にみんなの考えを共通のものに一本化していくことを標榜しているかのように考えられることがある。しかし、じつは公共性のもつ側面には、その社会にいるたくさんの人たち、多くの個性の集合体である多義的で複雑な価値のぶつかりあいを守る意味あいもあることを忘れてはならない。

(1) 公共性を支える大きな要因は、「コミュニケーションの自由」と「公開性」

公共性を支える大きな要因は、「コミュニケーションの自由」と「公開性」である。この二つは、公共性を考えるときに共通性よりも優先する概念である。社会の構成員である市民同士が開かれた場において、自由に議論したり活動したりするとき、公共性の空間が生まれる。自由な活動の場には必ず公共性の存在が不可欠となる。コミュニケーションの自由と公開性を失っては、そこには公共性の空間は存在しない。「公」と「私」のどちらかの領域に滑り落ちてしまう。

「公」はコミュニケーションの自由さに不寛容である。社会のためにという錦の御旗の下、個人のコミュニケーションを制限することは洋の東西や時空を超えて、残念ながら[(2)]いわゆる「国家」が幾度となくおこなってきたことである。

そして、一方の「私」は公開性を忌避する。秘匿することがプライバシーであり、社会から「私」の存在を確立することが個人の尊厳でもあるからだ。コミュニケーションの自由と公開性を基軸とする公共性とは、まさにこうした公と私を架橋する空間に存在するモノである。

ところで、「私」に公開性は必要ない、秘匿し、自分だけのものにしておくから私的領域というのではないか、と指摘を受けそうだ。じつは、この部分は公共性について考えるときに、十分に考慮する必要がある。ほんらい、「私」は閉じられている空間である。しかし、情報がこれだけ自由に受発信できる時代になってきた今日においては、個人の領域も公開されることが避けられなくなってきている。自ら進んで個人の私的な領域をさらけ出し、外部とのコミュニケーションを取っている人たちもいる。私的な部屋をＷＥＢ上にのせることで外部とのコミュニケートを図り、自己存在をアピールする人々である。

彼らにとっては「私」が「公共」をとおり抜けて認知されることで「公」的な存在となる自己を確認しているかのようだ。そういう人々にとっては、公共の場は、自らが参加することを許された自己実現の場でもあるといえるのだ。それもコミュニケーションのための自己発信することを容易にしたテクノイノベートというか、技術革新がもたらした時代のなせる技といえよう。つい最近までは考えられなかったことだけは確かである。

以前は、「私」を確立し、事業なり学識なり、世間（公共）やお上（公）から認められた人間だけが発信することを許された「私」的な考え方や行動を、いまや誰もができる時代になったのだ。どんな情報でも、様式でも、誰からであっても、あらゆることが現実的には発信可能な時代になったのである。それまでは、公共の場に出ること、公的な責任を負うことは、多くの人間の審級や他者の批判にさらされる経験を経た人だけがもつ特権だったものが、そうしたイニシエーション（儀式）を経ずに成人してしまった大人ならぬ小人（ことな）の存在を増殖させている、といったらあまりにも時代に合わないいいようだろうか。

じつは、この点が重要だ。そうした弊害があるからこそ、学校や社会において、私（個人）の発信を制限しろというのではなく、「自己審級[3]する」こと、「自己参照する」ことを教育していく必要があるのではないだろうか。

（2）集団の魅力とは

「私」と「公」をつなぐ公共性のもつ特性は、集団の魅力とも重なっている。たとえば、知らないうちに決まっていたルールで自分の活動や行動が制限されるようになったりしたら、人々はその共同体から離れていくことだろう。近年、コラボレーションやコミュニティのように連帯やつながりを掲げたフレーズが頻出している。

その一方で、そうした傾向とは逆に、他者とのコミュニケーションが苦手な人が増えている事実がある。その原因の一つには、社会や集団にとってほんらい欠くことのできない公共性の特性が失われてきたからではないだろうか。

ある集団（社会）に所属して活動していたと仮定しよう。やがて、活動の方向や内容が一部の人たちによって決定され、それに従って行動することを強いられるようになってくる。「〇〇するな」「指示に従え」と。すると、一部の人たちはその集団への魅力が減退し、やがて離反していく。

つまり、コミュニケーションの自由さと公開性は、自由で闊達な公共性を保証すると同時に、集団の存立そのものに関わる条件でもある。これらを失ってしまっては集団へ参加することが、個人の自由な判断ではなく、集団からの強制になってしまう。こうしたことによって、集団と関わることの失敗体験として刻み込まれ、他者との交流やコミュニケーションを避けようとする人々が増えてきた理由の一つなのかもしれない。

第3節　事例にみる学級における公共性

学級集団において、公的な活動と私的な思いが交絡するときがある。やりたくないのに集団での活動を強いられたこと、その反対にみんなと活動して成し遂げようとしていたのに協力してくれなかった、など多くの人々が経験していることだろう。一方向的な「公」からの強制や集団活動における「私」の権利を一方的に振りかざすものの存在は、学級の公共性を侵食していく。

「公」「私」ともに、その意思決定過程や活動への参加の働きかけが一方向的であったり、強制的であったりすることに多くの人間が嫌悪感を抱くのは、そうしたふるまいが自己の活動や権利を侵食されるような感じがするからである。われわれがイメージする公共とは、自らの能動的な関与をベースにした集団への参加を前提とする。

ここでは、公共性をうまく形成し、学級集団における個人（ミクロ）と集団（マクロ）に創発を引き起こすことができた学級事例を検討しながら、公共の場としての学級集団のありようを考えてみたい。

事例1は小学校六年生、事例2は中学校三年生、事例3は高校三年生の学級での活動が成功した事例を取り上げながら検討する。ここでは、個人の思いや集団の雰囲気づくり、そして公共的な空間が醸成されることによる自由な対話がなされている。集団づくりの実際から、そのポイントを考察する。

事例1　みんなで励ましあった全員リレー

小学校六年生で、運動会が始まる九月、一〇月の頃だった。運動会に向けて、練習に励む毎日だった。

組対抗運動会

小学校は、一学年四学級と、生徒数の多い学校であった。運動会などの学校行事はとても盛り上がった。私がとくに印象に残っているのが運動会だった。小学校の運動会は近くの山の名前を付けた四つの組（A組、B組、C組、D組）に分かれ、優勝を競うものだった。この四つの組は小学校一年生と四年生のときに所属する組がそれぞれ決められる特色のあるものであり、学級の人も組はバラバラであった。そういうこの学校独特の分け方であったので、学級同士で競うのではなく、学校全体で競いあう感じであった。学級のなかでも互いに「負けないから！」などと言いあい、とても白熱した。私は一年生の頃からずっとＢ組であったため、Ｂ組への想いは人一倍だった。そして、最後の運動会となる小学校六年生の運動会でどうしてもＢ組を優勝させ、勝ちたかった。なぜなら、Ｂ組は去年最下位に終わってしまい、とても悔しい思いをしたからだ。

交流しあうメンバーたち

いよいよそれぞれの組がまとまって集まる日がやってきた。一年生から六年生までのＢ組の生徒たちがある教室に集まった。私たち六年生は最高学年であり、中心となって話を進めなければならなかった。運動会は生徒たちの自主性に任されており、教師はサポートするけれど、先頭に立って指導することはなかった。自分たち六年生が中心とならなければならないことはわかっていたので進んでＢ組をリードし、指導した。学級・学年がバラバラなので昼休みなどを利用して全体で集まり、各自がおこなう競技を決めたりして、団結を深めていった。組には一年生から六年生まで多くの生徒がいるので、一人の生徒の能力が飛びぬけていても勝てない。みんなで勝とうとする共通の意識を高めることが大切だ。そのため、学年をこえて仲間意識や信頼感をもつために、運動センスのよい上級生がそうでない下級生などへアドバイスし、一緒に練習するようにした。組長・副組長を中心に六年生が話しあって独自の練習方法なども考えた。下級生は、最初、自分たちの意志をとおそうとしていたが、最後には上級生の指示やアドバイスなどを聞く気持ちになった。このように組の内にとどまらず、学校全体に「みんなの考えを聞こう」する気持ちがでてきた。私は自分たちの組全体にがんばろうという意識が満ちていることを感じ、積極的に下級生に話しかけ、アドバイスした。このようにして、Ｂ組内のメンバーそれぞれが協力しあい、「勝とう」という雰囲気を生徒同士でつくり上げた。

運動会当日

だれか落ち込んでいる人がいたら励ましあい、その人の分を他の人が補うことでそれぞれがみんなで頑張る気持ちをもつようになった。競技が次々とおこなわれ、前半の時点で二位であったB組は全員が参加する全員リレーでみごと一位となった。これはリレーの走る順番を工夫し、互いが協力して練習したことが一位となった理由だと思う。最終的には、B組は二位に終わったが、最後の運動会としてすばらしいものになった。悔しい気持ちはもちろんあるが、全員で優勝を目標としそれを狙いにいけたことがとてもうれしく、楽しい運動会になった。終わったときの気持ちはとても晴れやかだった。練習期間も含めた一ヶ月ほどのなかで、学級の人たち以外にも友だちができ、学級の人たちとも互いの組について話すなど交流を深めることができた。いまでも忘れられない思い出であり、まさに生徒同士が切磋琢磨をとおして目標をもつことができ、それを達成するために協力し信頼を深めることができた学級であった。

事例2　体育祭での挫折を乗り越えて、合唱祭での団結

私が経験した中学三年生のときの学級である。学校は市内でも有名な「荒れている学校」で、学級には学年の問題生徒と呼ばれる生徒が多く集まっており、他の学級からは大変な学級だという目でみられていた。

体育祭での挫折

中学校では、体育祭と合唱祭の二つがあり、各学年から一学級ずつが集まった、いわゆる縦割りのブロック制をとっておこなっていた。そのブロックを団結させて優勝を目指すことが三年生の役割だった。

体育祭や合唱祭の準備をするために、学級活動の時間を準備の時間に充てたり、特別日課したりと多くの時間が費やされ、学校の最大イベントであった。学級は問題の生徒が多く不登校気味の生徒が多かったため、生徒全

員が揃うことが少なく、全員で練習することができずにいた。体育祭では、三年生から種目ごとのキャプテンを決めて練習を組み立てていくのだが、彼らはキャプテンに任命されても相変わらず練習にはあまり参加しなかった。

そんな練習不足の不安を抱えたまま体育祭当日をむかえた。しかし、そんな不安を感じさせないような頑張りで、私たちは優勝を争うことができる順位をキープして、最後の種目の男子リレーをむかえた。これで一位になれば優勝することができる大事な種目だった。しかも私たちのブロックは俊足揃いで優勝の期待が高まっていた。

もちろん、第一走者からリードを奪い、二走、三走と進むうちにさらに大きくリードをつけ、一気にアンカーにバトンが渡るときには半周近い差がついていた。アンカーは不良のリーダー的存在のU君であった。U君は、学校ではもちろんのこと市でも有名な俊足で、一位でバトンを受け、大差をつけて断トツの一位でゴールした。この瞬間、だれもが優勝だと思い、ブロックの応援席から歓声があがった。しかし、アンカー前の三走がバトンを受ける際にバトンゾーンを越えてしまったと本部からの説明があり、失格になってしまった。それと同時に優勝も逃してしまった。そんな後味の悪い雰囲気で体育祭を終わることになり、何ともやりきれない気持ちでいっぱいだった。

体育祭のリベンジ、そして団結

後味の悪い形で体育祭が終わってしまったが、一ヶ月後に迫った合唱祭に向けて練習を開始した。そんなとき、アンカーを任されたU君が「体育祭は全然練習にでなくて迷惑をかけた」とみんなの前で謝り、「合唱祭では体育祭でできなかった優勝をしたい」といった。問題生徒ではあったが、みんなから信頼されている存在だったため、U君の言葉は体育祭での失敗をひきずっていたみんなの気持ちを切り替えさせた。そして、次の合唱祭は頑張ろうという雰囲気をつくり出した。さらにU君は、他の問題の生徒にも働きかけて、練習に参加させたのだった。

体育祭が始まる前にも少しずつではあるが合唱の練習をしていたのだが、彼の言葉を聞き学級全体が優勝したいという気持ちになり、その気持ちが下級生にも伝わり、それまでとは比べものにもならないくらいよく練習をすることができた。これまではまったく練習に参加しなかった問題の生徒たちは毎回参加するようになり、しっかりと声を出すようになった。練習を繰り返すごとによくなっていることを感じながら毎回練習し、どこが悪かったかをみんなで話しあい、次回の練習に生かせるよう努めた。体育祭のときと違い、一生懸命練習したため自信すら生まれていた。

そして、合唱祭当日になった。私たちは抽選で最後の出番だった。体育祭のときの悔しさを胸に全員で円陣を組み、そこでU君は「最後に驚かしてやろう」とみんなを盛り上げ、会場に入った。

開演した。各ブロック課題曲と自由曲の二曲を歌うことになっていた。他のブロックの合唱を初めて聞き、どのブロックも十分練習してきたことが伝わる合唱であった。そして私たちのブロックの合唱になり、これまで練習してきたものすべて出し尽くした。それは、練習でも味わったことがないくらい気持ちのよい合唱で、それまで歌ってきたなかでも一番のできだったように思う。私たちの合唱が終わったとき、会場はとてもざわついていたように感じた。それは他のブロックの友人に後で聞いたのだが、それまでとは比べられないほど私たちの合唱はうまかったらしい。

結果発表が始まり、三位から読み上げていった。三位、二位と私たちのブロックは呼ばれなかった。残すは優勝だけだった。優勝を発表するときには全員が優勝を確信していた。そして優勝が発表された。私たちのブロックだった。私たちは全員でハイタッチをかわし、全員で喜びを分かちあった。体育祭のリベンジを果たすことができたのである。こんなに変わるのかというくらい、全員の気持ちが一つになったことを感じた。

先生はサポート役、みんなは練習に打ち込んだ

もともと問題の生徒が多かったこともあり、欠席者が多くバラバラの学級であった。担任の先生からは直接指導されたわけではなかったように思うが、先生はサポートに回ることで生徒自らが団結して一つのものに向かうときの姿勢を学ばせてくれたのかもしれない。体育祭の優勝を逃した悔しさやU君の働きかけなどもあり、全員がまとまって練習を繰り返し、合唱を工夫して改良し、徐々に力をつけていることを実感できるようになったときには、みんなで団結して合唱祭に向かうことができた。優勝することができた以上に得るものが大きかった。個性が強い生徒たちの集まりであったため、同じ方向に向いたときの団結力は強かった。団結することの楽しさを感じるとともに、印象深い学級になった。

事例３　コミュニケーションを取りあって成功した球技大会

一番印象深い思い出が残っているのは、高校三年生のときの学級である。高校は進学校であり、どの学級も荒れている雰囲気などはなかったが、極めて淡々として生気がなかった。みんなあまり学級に興味がなく、学級運営は担任の先生や学級委員に任せればいいやといった感じであった。だから、一、二年生のときは、担任の先生と学級委員のみが頑張っていた。とくに、文化祭や陸上競技大会、球技大会などの学校行事のときにはそうであった。だから、学級全体でまとまった感じにならず、達成感もそれほどではなかった。

君たちの球技大会であって先生のためにやるのではない

三年生のときの担任の先生は自ら引っ張るのではなく、後ろで見守っているタイプだった。三年生になったばかりの球技大会に向けてのホームルームのときだった。なかなか話が進まなかったときに先生が、「君たちの球技大会であって先生のためにやるのではない。君たちがやりたくないならやめればいい」といった。その瞬間、はっきりいって、先生は自分の学級に興味がないのではないかと思った。他の生徒もあの先生は何を考えているのだろうと思ったようだ。

みんなが意見や考えを言うようになった

先生から何も指示がなく、生徒たちだけで対処しなければならないこともあり、だんだんとそれぞれが言いたいことを言いあう学級になっていった。だが、先生は何も関与しないわけではなかった。生徒の方からの相談にはできる限り協力してくれた。そうして学級は生徒たちと先生のみんながまとまったものとなった。この学級の担任の先生が自分の理想の教師であり、この学級での経験が教職を志した動機にもなっている。

この体験から、一番重要なことは、やはり学級における話しあいすなわちコミュニケーションである。コミュニケーションが活発な学級は開放的な雰囲気があり、自由な交流のなかからさまざまな視点からの発想が生まれ、意見やアイディアがよりよいものへと精錬されたものとなる。それは同時にコミュニケーション交流の過程において、生徒のみんながそれぞれの意見を述べたり、賛意を表したりするフィードバック過程での意見集約に関わったことで意見を受け入れ、共有された目標となることで、互いに学級としての一体感をもつことができる。ここでコミュニケーションできることは仲のよい友だち同士や先生と特定の生徒のあいだのコミュニケーションではなく、先生を含めた学級のメンバー全員でコミュニケーションができることを意味するのである。しかし学級にはさまざまな性格の生徒がおり、それらの生徒がみなコミュニケーションを取りあえるように、学級をまとめることは簡単なことではない。まとめるためだからといって、教師主導による管理的な学級になると、それは閉鎖的になってしまうだろう。教師がどのようにして生徒とコミュニケーションをとり、また生徒同士でコミュニケーションを取るように促すかが重要となる。

先生への相談、先生からのサポート

それまで生徒たちで自主的に取り組まず何もしなくても、先生の方から生徒に指示し働きかけてくれるのが当たり前になっていた。そのため、先生からの指示がないことがわかったとき、とまどいや模索のために時間はかかったが、生徒たちのなかで計画し働きかけ、それに呼応し協力する生徒が出てきて、学級がやっと話しあうシステムをもつようになり、一つひとつの課題解決に向けて滑り出すことができるようになって初めて、学級は一つの方向に向けて動き出し、その結果まとまりをみせるようになっていった。しかし、学級に団結が生まれてきても、球技大会に向けた練習のための道具や場所の確保など、やはり生徒たちだけでは解決しにくい問題もあった。だが、諦めるのではなく、そのようなときにこそ担任の先生に相談すると、先生は相談にのり、アドバイスしてくれた。先生が側面から協力してくれることによって、生徒と先生のあいだにも信頼感ができてきた。学級はそうして課題解決のための学級独自のシステムを構築して、だんだんとまとまっていった。いま考えると、この生徒主導による学級システムや信頼感は先生が先頭に立って生徒を無理に引っ張っていくやり方（教師専制型学級）では、生まれなかったのではないかと思う。

第４節　三つの事例から導き出される特徴

（1）イベントをとおした学級集団の成長

学校の教師、とくに中学校の教師で合唱コンクールや体育祭などのイベントを学級づくりの基本的な行事と位置づける場合は多い。学級づくりをおこなうためには、どうやらイベントを利用することを必要不可欠なものであると考えている。学習を知識やスキルの獲得という（狭義の）能力に特化して向上させようとする営みが塾の目的であるとするならば、学校はそれのみを目的とする機関ではない。もちろん学校が学習する場であることは間違いないのだが、それまで家族の庇護の下に生活してきた子どもたちが、初めて社会経験する場を提供する機関であることは学校の大きな目的の一つである[(4)]。学級担任はこの所期の目的の達成のためにイベントを仕組むのである。

イベントの取り組みはもちろん学校生活の一環としておこなわれるものであり、学習であることにはかわりはないが、生徒の意識は明らかに違う。イベントへの取り組みは、それまでの学習時間にはみせたことのない別の顔を生徒から引き出すことができる。学習時間がいわば学校生活における「公的」な場であるとするならば、イベントへの取り組みはそれとは明確に異なる時間と場が形成されている。

集団でおこなう祝祭（まつり）がハレ（非日常）とケ（日常）として民俗学的に考察されているように、学校でおこなうイベントもまた常日頃とは違った別の空間を形成する。もちろんイベントにも公的な時間はある。教師や多くの友人たちと活動している場では私的であることは許されない。自分の意見を表現するにしてもそこでは自由奔放にふるまうことは憚られる。周囲の審級[(5)]を経たうえで自己主張が可能になるのだ。だが、現実的にイベントの準備や実施の際には授業中のような拘束性もない。教師は公的でも私的でもない時間や場が学校において生み出すさまざまな効果に期待するのである。

たとえば、合唱コンクールや球技大会などの校内でおこなわれるイベントは学級対抗や組や団の対抗の形式を取る。事例1に、「学級の人も組はバラバラであった。そのため、学級で競うのではなく、学校全体で競いあう感じだった。学級のなかでも「負けないから！」などと言いあい、とても白熱していた」、とあるように対抗戦となると「他の学級に勝ちたい」という意識が生まれ、生徒たちは自主的に練習に取り組む傾向にある。指揮者やキャプテンらのリーダーを中心に練習を繰り返すことで「われわれ感」が醸成され、所属感が生まれる。その結果、集団内に規律や連帯感が生まれ、目的意識が共有されたり、リーダーが育ったりと、教育集団にとって望ましい資質が育成されていく。イベントを達成すること、つまり合唱コンクールで優勝することなどももちろん目標であるが、教師はむしろイベントへの取り組みをとおして「開かれた」学級集団づくりをおこなうことがより重要であり、より効果的であると考えるのである。

(2) 教師は生徒の活動をサポート

どの事例にも共通しているのは、自律的に活動している生徒の姿である。教師が前面に立っているわけではなく、側面から支援に回っている様子も共通している。小学校の事例では、六年生の児童が練習内容やリレーの走る順番などを決め、一年生に対しても指導をおこなっている。そのとき教師が先頭に立って指導することはなかった。中学校の事例では、生徒たちは自分たちで合唱祭の練習を計画し、担任教師は何も指示することはなかったようだ。だが、生徒自身は記述のなかで「自ら団結して一つのものにむかうときの姿勢を学ばせてくれたのかもしれない」と述懐しているように、担任教師は側面から何かしらの支援はおこなっていたと予想される。

高校事例では、担任教師は「君たちの球技大会であり、先生のものではない。やりたくなければやめろ」と突き放すが、それでいながら生徒の相談や依頼には快く協力している。さらには「先生から何も言ってこなく、自分たちでどうにかしなければならないこともあり、だんだんみんなそれぞれが言いたいことを言い合う学級に」なっていく。生徒たちはそうした教師のサポートを受けながら協力して練習を始めるようになっていった。

教師が、自ら先頭に立って指導することを選択しなかったのは、そこに生徒－教師間の信頼関係が構築されていたからであろう。担任教師が突き放して、生徒がそのまま活動を停止したり放棄したりする可能性もあったろうし、そういう指導の仕方は小学校の段階では難しいのではないだろうか、という意見もあるだろう。教師にとってそれらを考慮したうえで生徒の自主性を信じ、自分はサポート役に回るのは勇気のいる、そして忍耐強い指導行為である。教師は不安であったら自分で指示した方が効率的であるし、それが精神的に楽だ。その一方で、生徒が計画を立案したり練習したりするのを見守るのは我慢がいることだ。生徒に活動の主導性を預けられる教師、信頼に応えながら自分たちで活動を計画する生徒。この相互の信頼関係は三事例の学級づくりに大きい意味をもつものであった。

（3）話しあい

三つの事例からいえることは、いずれの学級ともに活動的であることと同時に、リーダーを中心としたばあいもそうでないばあいもあるが、いずれにせよよく話しあいがおこなわれていることである。

中学校の事例にあるように、生徒たち自身で練習を企画し、その練習後にどこが悪かったかをみんなで話しあい、次回の練習で改良に努めたりしている。小学校の事例に、「私たちは自分たちが中心とならなければならないことはわかっていたので進んで話を進めていた。学級・学年がバラバラであったので昼休みなどを利用して全体で集まったり、各自がおこなう競技を決めたりして」とあるように、昼休みにまで集まって話しあったりと、意見交流の場を数多く設定している。高校の事例では、一、二年生のときは担任教師や学級委員に任せればいいやと依存的な学級であったが、それが「だんだんみんなそれぞれが言いたいことを言いあう学級になっていった」りしている。こうした傾向は、一方的な情報伝達システムの学級や、教師や生徒など特定の誰かが支配したり管理したりしているような学級システムにはみられないことである。コミュニケーションが双方向的というより、だれもが自由に発言しだれもがそれを聞いている自由なアクセス空間が展開されているイメージがそこにはある。重要なのは、そうした自由なアクセスがだれからも制限されていない空間であることなのだ。さらにその空間では、「自分たちがみんなをまとめていかなければならないという意識をもって、よりみんなの考えや希望を聞いてみんなをまとめようとしていた」（事例1）ように、集団全体へと意識を拡大させながら、参加者の様子に気を配っていることがわかる。自己主張を制限するより、集団の課題達成が自らの課題達成であるかのように個人の心性も変化している。

(4) 関心や感情の共有

事例2が典型的であろうか。体育祭で失敗したU君を中心に、次のイベントである合唱祭に向けて「リベンジ」を誓う生徒たちは、全員が共通の目的に向かってU君の願いを共有している。その結果はたとえ二位であったとしても決して落胆していない（事例1）。それどころか、「最終的に、Bは二位に

表４−１　３事例に共通する創発学級の特徴

①	運動会や体育祭，合唱祭，球技大会などのイベントをとおして学級が成長している。
②	生徒は自主的に全体での活動や練習に取り組み，教師はサポート役となり側面から間接的に援助する。決して前面に出て積極的に指導をしてはいけない。
③	みんなの意見を交流したり，話しあいをおこなったりすることが多い。
④	個人や集団の「熱い思い」や感情が，みんなに伝わり，共有されている。

終わったが、私は最後の運動会としてすばらしいものになったと思っている。悔しい気持ちはもちろんあるが、全員で優勝を狙いにいけたことがとてもうれしく楽しい運動会になった。終わったときの気持ちはとても晴れやかだった」と満足感を得ている。その後の学級の様子も変容してきており「目的は勝利であったが、そこからみんなの協力が生まれ、他の人の話を聞こうする自立心が育っていったように思う」と語っている。

課題や感情が決して当事者一人のものではなく、全体のものとして共有している状況は、ときとして危うさがある。共同体としての同一性を保持しようとして、異質な意見をもつものを排除しようとしたり、強制力を伴って同調行動を強いたりするケースがそれだ。ところが、この事例1〜3においてはそうした共同体的な同調行動はみられない。運動会で運動神経のよくない人へのアドバイスや一緒に練習したりするように配慮したり、学校全体を見通して他人の意見を聞こうとしたり、いわば多種多様な人たちの集まりの存在を前提としており、こうした関心や感情の共有は、自律性や自主性を集積したものであるし、いわゆる教師が目指す「学級のまとまり」感そのものである。そのとき、その学級には集団としての信念や信頼感が確かに共有されている。

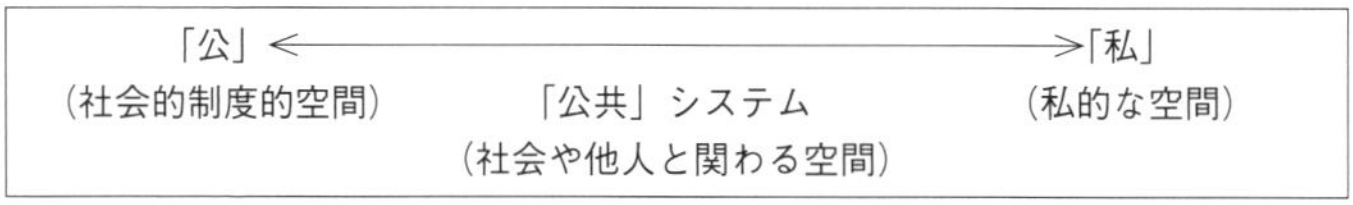

図4－2　「公」と「私」とそれを媒介する公共

第5節　学校における公共性の成立

(1)「公」と「私」を媒介する公共性

共同で生活する学校・学級においては、前述のように共同体としての生活が求められる。とくに小学校の低学年であればあるほど基本的な生活習慣の獲得や集団生活の素地を養うために「みんなと同じように」発言や行動することが求められる。それまで「家庭」という私的な世界にいた子どもたちを公的な「社会」の一員として教育することが機関としての使命であるからだ。だが、そうしたいわゆる管理的な教育はあくまで基本的な生活スタイルの獲得のために短期間に是認されることでなければならない。いわゆる学校においては、私的な空間である家庭と公的な制度的空間である社会とを結ぶ場であるのだ。

こうした「公－私」を媒介する空間を「公共（性）」と考えることができる（図4－2参照）。

(2)「公共性」とは何か

学校を、公的空間と私的空間を媒介する「公共（性）の場」と考えることを前節で述

表４−２　創発学級の特徴と公共性の定義の対応

〈創発学級の特徴〉	〈公共性の定義（斎藤, 2000, 山脇, 2004）〉
（１）イベントをとおした学級集団の成長	official
（２）生徒の活動を教師がサポート	該当する定義なし
（３）話しあい	open
（４）関心，感情の共有	common

べたが、ここで、「公共（性）」に関する一般的な考え方について検証してみよう。たとえば、斎藤（二〇〇〇）は「公共性」についてその意味を次の三つに大別している（以下、斎藤（二〇〇〇）より引用）。①国家に関する公的な（official）ものという意味。国家が法や政策などをとおして国民に対しておこなう活動を指す。②特定の誰かにではなく、すべての人々に関係する共通のもの（common）という意味。共通の利益・財産、共通に妥当すべき規範、共通の関心事などを指す。③誰に対しても開かれている（open）という意味。誰もがアクセスすることを拒まれない空間や情報などを指す（表4-2参照）。

こうした意味づけは、公共哲学について論じた山脇（二〇〇四）が「パブリック（public）：公共の」の意味として掲げた。①「一般の人々に関わる」、②「公開の」、③「政府や国の」とほぼ共通している概念であると考えられ、公共（性）の現段階における定義と考えてよい。また、佐々木・金ら（二〇〇一〜二〇〇六）によると、編集方針として従来の「公」と「私」という二元論ではなく、それを媒介する論理として「公共性」を考えており、前述したわれわれの議論と通底するものと判断できる。

（3）創発学級の特徴と公共性の定義の対応

ここで創発学級の四つの特徴と上記の斎藤および山脇の公共性の定義と比較しながら検討してみたい。

学校や学級によるいわゆるイベントなどの公的な行事はofficialと、話しあいはopenと、関心感情の共有はcommonと対比される。すると、創発学級の特徴は公共性の特徴と共通のものであり、創発学級事例で紹介されている生徒たちが生き生きと活動しているのは、公共性の特徴を担保されているからではないかと推察できる。生徒への教師のサポートの関係が公共性の特徴として示されていないのは、それが対象となる集団の特性の違いにあるためであり、これを教師－生徒関係（belief）ととらえると、創発学級は、「official, belief, open, common という四つの特徴をもった公共性の空間や場を備えた学級」であるといえる。

第6節　創発学級を生み出すために

これまで、われわれは、教師の指導のあり方を放任型指導、専制型指導、教師リーダーシップ型指導、創発型指導というように分類して考察してきた（蘭・高橋、二〇〇八ａ）。この指導タイプを公共性の視点から再検討する。

生徒の個性を尊重し過ぎて指導力を発揮しないばあいの放任型指導では、公共性にみるイベントなどの行事の活用（official）や効果的な話しあい（open）がおこなわれていない。そのために、放任学級では公共的な空間が形成されず、生徒のあいだで課題や関心を共有（common）できず、学級集団の活動は停滞し、生徒たちの自主的な活動はみられなかった。専制型指導では、生徒たちからの自由な発言（open）が制限され、生徒たちは課題や目的を自分のものと感じること（common）ができずにいる。こうした点からも、創発型学級を生成するためには公共性を学級集団指導として意識づけすることが必要である。

集団指導の一つの望ましい形である創発学級は公共的である特徴をもつことを論じてきた。すると、創発学級を生成するためには、前出の四つの特徴を担保するような教師の指導が必要であるといえよう。

集団が個人を縛る「滅私奉公」も個人が集団をないがしろにする「滅公奉私」も個人にとっても集団にとっても好ましいものではない。このことは、『公共哲学』に関する前出の山脇（二〇〇四）や桂木（二〇〇五）が指摘しており、「活私開公」の必要性を訴えている。

公共性はなにものにも縛られず、参加者である個々人が自由に連帯し、自由に意味や価値、行動を創造することである。公共性は学級集団を指導するときの教育的効果を発揮する大きなポイントなのである。公共性が学級集団づくりの基底となったとき、そこには自立する生き生きとした生徒像が出現する。教師が仕掛け、生徒同士の話しあいにより、自由な自主自立型の活動を、集団が共有したとき、活動が次の活動を生み出す。この状態こそが創発学級の姿なのである。

（1）公共性を阻む多様性の壁

わが国の教育は、一九八〇年代の新自由主義的な教育の導入以来、大きく変化している。それ以前の学校教育は、教師に管理された集団の考え方に個人の考えをあわせる集団主義的な教育が主流であった。しかし、新自由主義的な教育の導入によって、生徒個々の「個性」を生かすような教育が求められ、生徒や保護者の教育への義務感よりも権利意識が前面に押し出されるようになった。そうした社会的風潮のもとで、学級においては生徒個々の個性や多様性[6]をどう活用した指導をおこなうかが新たな課題となった。いいかえると、生徒個々の個性や多様性に配慮した公平さや公正な指導をおこなうことが求められてきた。

今日、学級経営が難しい原因の一つは、学級経営に生徒の多様性を認め、配慮することを求められていることが要因となっている。なぜなら、学級集団は個性の異なる多くの生徒たちと、管理者としての役割を付与された教師とから構成されているが[7]、構成員それぞれがもつ個性や特性はさまざまであり、多様性にあふれているからだ。本来的には、そうした個性を十分に発揮することがいきいきとした集団づくりにおける目的の一つである。前節までの議論を補完するならば、「私」という個人の交流する場としての学級の存在が「公」の活動を支え、個性を発揮する「公共」の場であるはずだが、逆にその多様な個性によって学級集団を活用することが上手にできず、担任教師を悩ますことがある。生徒の多様性を重視するあまりに自らの指導方針を徹底することができず、指導がうまくいかないと感じてしまう。一方で、効率的な学級経営を第一に考えるために、管理的になり生徒の行動を制限してしまう教師も多い。個性を沈黙させ、多様性を圧殺することで排除し、一斉指導をおこなうことは、学級経営の効率を追求するためである。

このように、生徒たちの多様性を生かす指導をおこなうのか、教師自身の指導のしやすさに注目した指導をおこなうのかは、ある種二律背反的に取り扱われることが多い。それでは学級集団を指導するとき、多様性ははたして抑圧すべき、忌避されるべき特性なのだろうか。

(2) 生徒の平等

教師にとって、さまざまな特性をもった個性的な存在である生徒たちを評価する視点(8)は一つではなく、それは複数存在する。どの視点から多様性のある生徒たちを平等とみなすのか、換言するとだれがどういう不平等を感じているのかを明らかにするためには、複数の視点の存在が必要だ。ある一つの視点からの平等は、生徒たちの多様性により、別の視点から眺めたときに不平等であることが避けられない。

たとえば、「教室において静かに学習に取り組んでいる状況」があったとする。静かな教室は、いわば教員の指導が行き届いた、学習に熱心で規律がある教室という、教師にとっての一つの理想的な状況だと考える教育関係者は多い。一見すると、その状況は生徒たちにとって静かな学習環境が平等に与えられているかのようである。だが、じつは学級集団内に陰湿ないじめがあって誰も発言することができない状況にあるのかもしれないし、あるいは厳しい教師の指導のもとに静かにさせられているのかもしれない。静かさという点で平等であったとしても、そこに意見表明やコミュニケーションの自由な表出などが許されてない場合、静かさ、という要因だけに注目した評価はできない。

実際の学校生活を考えてみても、外部からの観察だけではわからないメカニズムがこれらの現象の裏側に潜んでいる。多様な集団の側面のうち、管理しやすい側面からのみの評価であったりすると、そこに内在する危機的な状況を見逃すことにつながりかねない。このように、視点の複数性は、多様な特性の個人の集合体である学級集団を適切に運営していくための要件となる。

（3）公正さを守る

多様な生徒たちをどのように平等に取り扱うかは、学級集団における「公平さ」や「公正さ」に通じる。教師が、生徒たちから求められる重要な資質の一つに、生徒への公平さや公正さがある。教師の指導における公正さや公平さに関する研究は、これまで多く報告されている。実際の教室においても生徒たちが担任教師の指導における公平・不公平を問題とすることは多い。

このことは、教育指導の平等性の重要さを物語っている。教師の指導が多くの生徒にとって公平であり平等であると思われているのか、たとえ不公平さを被った生徒がいても、教師の決定は公正であり、妥当であると判断されるだけの手続き的妥当性を示していることが重要である。学級集団づくりの第一歩は、生徒が学級集団を公正な集団であると認識することから始まる。

公正さについては、タイラーら（二〇〇〇）によるすぐれた研究がある。それによると、公正についての関係概念は、①手続きの威厳、②処理時の尊敬と丁寧さ、③権利への配慮に大別される。人は、手続きが偏りなく合理的な根拠にもとづいて決定される場合に公正さを感じる。さらに、その集団における権威者が「正しい心をもっている」と信じている人は、公正さを判断する場合、実際の行動をあまり重視しない傾向にある。逆に、権威者が公正さに動機づけられていないと感じる場合、その手続きが見かけ上公正であっても、人々はそれを公正であるとは評価しないとしている（タイラー、二〇〇〇より一部抜粋）。

こうした公正さ研究は、教育学的な視点よりも経営学的なアプローチからの方が関心が高く、多くの研究がなされている。近年の内外の公正研究について、関口・林（二〇〇九）が丹念に整理しているので、それにもとづいて紹介する。

彼らによると、近年の組織的公正研究の注目すべきパースペクティブとして、公正動機をめぐる研究と、公正風土概念の研究がある。初期の組織的公正研究では衡平な分配やルールづくりなど、「公正さとは、（少なくとも）長期的には損をしない見通しを与えてくれる道具である」という「道具的動機アプローチ」が理論的な基礎であった。だが、それはしだいに「個人が組織との良好な関係や組織への社会的同一性を求める動機にもとづいて公正さに注目していく」とする「社会・関係的動機アプローチ」へと研究がシフトした。

最近では、経済的な自己利益への関心や社会・関係的な欲求とは独立し、道徳的な理由もしくは正義感から公正さに関心をもつようになったという「道徳的動機アプローチ」の考え方が提唱されるように

図４−３　道具的動機アプローチに基づくフェア・マネジメントのプロセス

なった。こうした公正動機をめぐる研究を踏まえたうえで公正さを「公正風土」として集合変数で扱う研究アプローチも登場した。

この組織的公正研究の発展と深化は、教育の現場においても影響を及ぼしている。これまでの学級集団指導においては、生徒指導の枠組みから公正さについて取り扱われてきた。これは、学級のシステムのなかに制度として効果的に公正感を位置づけることで、学級経営が安定することを企図したものであり、組織的公正研究の立場に立つ道具的動機アプローチと位置づけられる。

図4-3で道具的なアプローチについて概略を示す。資源に関する公平的な分配はもちろんであるが、組織の業績および士気（モラール）の向上や良好な態度は組織にとっても有効である。それと同時に、それに参加する個人の利益にも供与する点において道具的であり、道具的であることが組織の向上にもつながっている様子がわかる。

やがて、道具的アプローチから、生徒自身が学級集団と個人との関係を意識するようになるための社会・関係動機アプローチの視点へと移行していく。現在の学級集団研究は、功利的な関係性ではなく、自律・自立した生徒や教師の公正さを主軸において集団のマネジメントを考える方向にシフトしている。自己の利益を増大させるようなやり方では、公正な組織や自由で創造的な組織が形成されないからだ。

学級集団の指導に必要なことは、生活態度の安定や学習の成果などの目標をどのように達成するか、それにこれらの目的を遂行するプロセスをとおして達成や協力の仕方などの学ぶことを学ばせる、という両面がある。価値の達成とそうした集団を支えるのが、公正さに裏付けられた信頼に醸成された集合体としての学級である。組織的公正さとそこから生み出される平等観がベースとなった信頼が学級集団指導にとって不可欠である理由がそこにある。

第7節　公正・信頼・自己参照のメカニズム

次のような場面を想定してみる。

教師は、「宿題をやってこない生徒がいたので、その生徒を指導する必要があると考え、放課後、教室に残して指導した」。

学校現場では日常的に目にする場面であろう。ところが、その指導を受けた生徒の反応は、一様ではない。納得して静かに学習する生徒もいれば、教師の指示を無視して帰る生徒もいるだろうし、ときには教師のそうした指導に反発する生徒もいるだろう。このような生徒の反応の違いは、何の原因によって起因するのだろうか。じつはその答えは、教師あるいは生徒の価値判断（審級）の手続きの公正さにその原因を求めることができる。教室内の審級はそのほとんどを教師がおこなっている。審級がおこなわれる場合を分けると、次の二つがある。
①教師の直接的な審級

教師が生徒の行動に対して直接的におこなう審級である。

②生徒による審級に対する教師の間接的審級

生徒による審級がおこなわれたとき、それを教師が認めるかどうかということを周囲の生徒はみている。それによって「やっていいこと、悪いこと」や「教師の審級が公正におこなわれているのかどうか」を判断する。これは教師による間接的な審級であり、個人に対する指導から二次的な指導が生まれていくのである。

直接的に審級された生徒も、その生徒に対して審級をおこなった生徒も、ともに結果として教師によって審級されていると考えると、教室内の行為に対する最終的な審級は通常のばあい、多くは教師がおこなっていると考えられる。

こうした審級とそれに先立つ自己参照について、事例3をもとに考えてみよう。事例3においてはそれまでとは違い、先生からの指示がなくなる。「きみたちの球技大会だから」という担任の言葉を聞いて、自分たちの行動についてふりかえる地点が必要である。それがまさに自己参照点を教育する意義である。自らの行動や活動をふりかえって判断するための地点が自己参照点となるが、それにもとづいて自らが望ましい活動を取っているのか、許容される態度なのか、といったことを判断するのが審級である公正感の基本となるのが、自己参照点からおこなわれる審級であるのはこのためである。事例3においては、こうした自己参照点－審級にもとづいて生徒からの働きかけやそれに呼応・協力がなされたと考えることができる。

審級の手続きが果たして公正であるかどうかは学級集団に所属する生徒の行為や認識に大きく影響を与える。生徒のある行為に対する教師や他の生徒の反応が当事者である生徒自身にとって納得（了解）できるのかが問われるのである。自分にとって望ましい結果が返ってくれば生徒にとっては納得しやすいだろうと考えがちである。近年の公正に関する研究によれば、審級者の決定に納得できるかどうかは結果よりもその手続きに大きく影響されると、前出のタイラーら（二〇〇〇）によって報告されている。

つまり、手続き的に公正さが確保されていると判断できるならば、人は審級による裁定を受諾する傾向がある。上述した放課後に生徒の指導をおこなう例を考えると、生徒にとって「放課後に残されて指導される」ことについて納得していたかどうかが、その後の生徒の反応に影響を及ぼすと考えられる。教師の指導に対してそれほど疑問をもたずに了解すること、つまりは生徒が教師による審級と手続き的公正さを受け入れる関係を「信頼」と呼ぶことができよう。

このように考察してみると、審級とその手続き的公正さへの認識は、個人のもつ意味づけや判断のためのいわばルール形成に大きく影響を及ぼすことがわかる。（教室では教師であることが多いが）自分の判断や行為が他者によって価値づけられるが、個人は自らそれを了解したときに自らの判断・行為の意味を自分自身のなかに定位する。これによって、つぎに同様の状況に出会ったときの判断・行為の拠り所、いわゆる参照点を自己の内部に確立することになる。ことに生徒にとっては学級集団内における審級を受ける際の手続き的な公正さは、次回のベースとなる自己参照点を形成するプロセスにとって大きな影響をもつといえる。

信頼と自己参照

生徒－教師関係において信頼が構築されなければ、生徒にとっては教師の指導を了解できず、生徒の判断・行為の意味づけを自分自身の内的な自己参照点に帰することができなくなってしまう。そうなると、価値が外在化され、他者（教師）に従っている自分の像を苦々しく眺めているだけの姿がそこにあるのだ。

上記のような意味において、生徒による信頼の形成はまさに自己準拠的であることができる。なぜなら生徒が了解し判断する意味生成は生徒自身によるものであって、いわば生徒の意味生成システムの内側からの定義に頼るほかはないシステムであるからだ。

すると教師によるいわば生徒の意味生成システムへの働きかけは無意味であるのか、という問いが聞こえそうだが、そうではない。じつは生徒は自らの意味生成ルールを構築する際に、環境（外部からの働きかけである教師からのアプローチを念頭におく）に応じて自己の境界を特徴づけるコードをその都度設定する。そのコードの設定こそ自己組織化と呼びうるものである。生徒の意味生成システムはこうした自己組織化によって構築されていくのである。

注

(1) ここでは山岸俊男氏の作品のなかから、比較的読みやすいと思われるものをあげておく。『安心社会から信頼社会へ日本型システムの行方』（一九九九、中央公論社）。『日本の「安心」はなぜ消えたのか』（二〇〇八、集英社）。『心でっかちな日本人』（二〇一〇、筑摩書房）。『リスクに背を向ける日本人』（二〇一〇、講談社）。

(2) でも、それが「悪」なのか「正義」なのか、「正しい」のか「まちがっているのか」はわからない。

(3) 審級とは、許可、容認の判断をおこなう営為を指す。

(4) 子どもたちの生活や学校との関わりについては多くの論考がある。銘記したいのは、子どもの権利宣言がおこなわれ一個の人間としての尊厳を付与される形で処遇されるようになったのはそう古い時代のことではない、ということである。アンシャン・レジューム期の子どもの生活について論じながら、近現代の子ども観を整理した『子どもの誕生』（フィリップ・アリエス）は子供観の歴史を伝えている。もちろん今日においてもなお、彼らの多くが権利の保護どころか生命の危機にさらされているということは残念ながら厳然たる事実でもある。とすると、学校が社会経験の場であるということは、その意味において自明であるとはいえないのかもしれない。

(5) もちろんそこには、自由を行使しようとする側と許容する側の価値判断や関係性が大きく影響する。

(6) われわれは、つい、一つのシステム内のエージェントは基本的にすべて同じだと仮定してしまいがちである。群をなす鳥、企業の従業員、外国人などをひとまとめにして考えてしまう。このように仮定することでその後の分析が単純化できるからである。

実際に、某自動車メーカーの社員が、全員ひどい人間ばかりがいるわけでもないし、鳥のなかにもひねくれ者はいるだろう。望ましい学級集団にも教師の意に添わない行為を取りがちな生徒も存在する。そんな多様性を捨象して一般化することが、じつに多い。多様性を捨象して一般化することによって、多くのメリットを享受する。ある特定の高さに一般化することで、ある種のイスの大量生産は可能になり、生産コストを抑えることができる。そのために、背が高い人や背が低い人の不便さには対応してはいない。最終的に消費者の側で一般的標準的なサイズが自分にあわなければ、オーダーメイドしろという要求をこの生産システムは要求するのである。

こうして考えてみると、学級集団は、多様なエージェント、構成員が含まれていることを前提とした複雑系のアプローチが適していると思われるのにもかかわらず、一般的、抽象的な学級集団の発達モデルを考察してきたのではないだろうか。

これまでの学級集団の研究者のスタイルは、その二つの方向性に分かれていた。多くの学級集団がたどるであろう、いわば集団発達のモデルを提案したもの、と個別学級の事例分析をおこなったものである。ところが、前者においては、そのモデルは実際の学級との乖離があり、まさに前出のイスの例のごとく標準的なモデルは示せても、個々の実情に対応した学級については担任が手探りで集団発達のモデル化をオーダーメイドするしてきた。一方後者では、個別の学級集団に対応させて分析をおこなっているものの、それがもしかすると特殊事例であるという可能性が常に存在し、個別の事例をどのように別の学級集団に適応させてよいのかが明確ではなかった。多様な人間の集合体である多様な学級集団への指導は困難に満ちている。

(7) 広義にはさらに周囲の教員や学校の内外の職員を含む場合もあるが、ここでは構図をわかりやすくするために生徒と教師をおもな構成員とする。

(8) アマルティア・センの『不平等の再検討』（一九九九　岩波書店）においては、翻訳者は「変数」という表現を使っているが、学級集団を対象とする本書では、視点という表現にしたい。

第5章　学級づくりへのソーシャル・キャピタルの活用

第1節　学級集団と社会関係資本

(1) 社会関係資本（ソーシャル・キャピタル）とは

学校教育において、学級経営の果たす役割は大きい。この十数年学力低下がゆとり教育の弊害であると声高に喧伝されていたが、教科教育を充実させるとともに、安定した学級経営は学力向上のために必要不可欠である。学校生活の基盤である学級が安定していないと、生徒たちの学習成果も上がらない。担任教師にとっては学級社会を安定させることが重要な優先課題である。実際に、学級経験した学生たちや学級経営をおこなった担任教師の体験記を収集してみると、生活の場としての学級が安定していないと学習に集中できなかった経験や事例が数多く記述されていた。それはまた、学級づくりをおこなっている現職教員の経験からもいえる実感であった。それでは、一つの社会集団としての学級集団をよりよく経営するためにはどうしたらよいのだろうか。また、どのような理論にもとづいて活力ある学級集団の育成を考えていけばよいのだろうか。

生徒と生徒、生徒と教師の人間関係を中心とした学級のありようは、学級内のコミュニケーションやネットワークのあり方によって規定される（蘭・越、二〇一五）。ネットワークの安定が社会集団にとって必要であるというならば、まさしくネットワークのあり方が学級経営にとってはその成否を分ける重要な要因となる。こうした学級経営におけるネットワークの重要さは、社会基盤を考えるときの社会関係資本（social-capital[1]。以下、ソーシャル・キャピタルまたはＳＣ）の重要性と同じである。

ソーシャル・キャピタル論は経済的な成長や政治的な安定を支える概念の一つとして、いわば政策ツールとして検討されてきた（日本総合研究所、二〇〇八）。政治学者であるパットナム（二〇〇一）は、国民が安心して生活を送るための政策を立案するうえでの基盤として、人と人とのつながりである「ネットワーク」「規範」「信頼」の三つの要因を設定した。そして、これらの要因の再生、強化がこれからの社会システムにとって必要であるというソーシャル・キャピタル論は、集団社会を構成する基本的な概念の一つであると提案した。「ものとしての資本」や「人という資本」に加えて、社会的なつながりそのものを資本とするＳＣの考え方は、政治や経済、教育を考えるうえで大きなキーワードになっている。

（2）階層型学級集団の抱える問題

わが国の学校教育において、近代教育の歴史上、学級集団は教育の基本となる単位であり、その成立から担任教師を最上位とする階層構造が形成されていた。それが生徒の安全を守るのに最適であり、学習や生活を効率よく進行し、学級経営をおこなううえでも都合がよかったのである。ところが、こうした従来の階層型組織では、現代の激しい時代的な変化に耐えられなくなってきていることは、経済学や経営学などの方面においてすでに指摘されている(2)。従来のような上位－下位の階層性によって管理するシステムでは情報の伝達に所定の手続きや意思決定の許認可が必要となるために、各企業体や組織体においては価値観の多様性や情報の流通するスピードや変化に対応できない。消費者や生産者のニーズに即時的に効率よく応えることができないのだ。たとえば、生産者－消費者の関係においても、大きな変化がみられるようになった。生産現場に消費者が出かけたり、生産者の「顔」が直接消費者にみえるようになったり、と関係性が大きく変化している。一方的な需要供給型の「生産する－消費する」システムを傍観するだけのスタイルから、消費者自身も積極的に生産現場に意見したり、要求するようになった。こうしたことも従来の階層的単線型システムから、関係性が大きく変容していることを示すものである。

現在の学級集団もまた旧来型の階層構造システム的な指導をおこなっている限り、同様である。つまり教師主導による管理行動が強く、階層型組織を維持している学級集団における困難さは、次の三点にある。

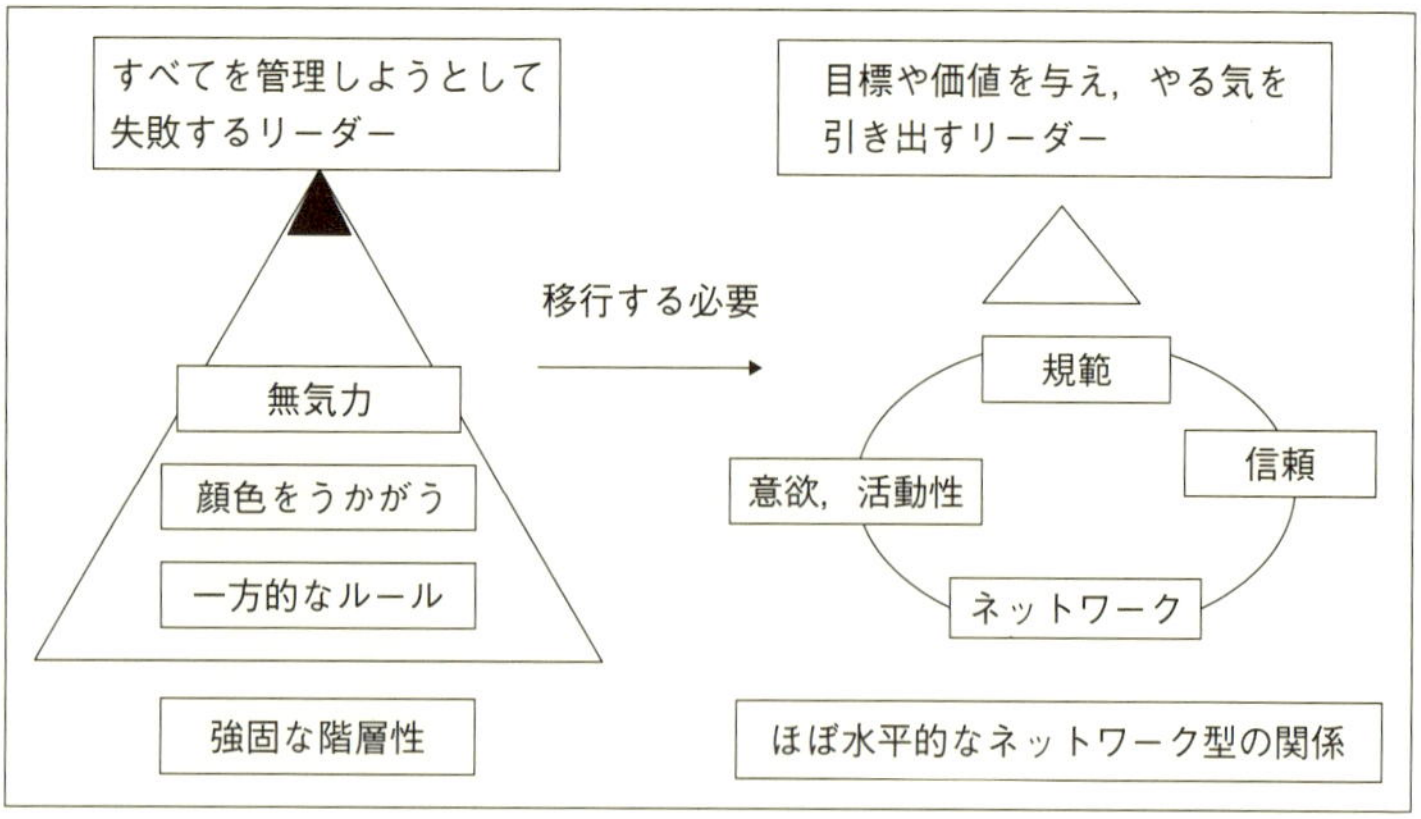

図５−１　階層型組織からネットワーク型組織（コミュニティ）へ

第一に、組織の下位に属するエージェント（学級集団の場合は生徒）は、依存傾向が強くなる。自律し、自主的に活動する意欲に欠ける点である。上（教師）からの指示を待ち、伝達されたことを指示どおりにおこなっていれば、自分が不利益を被る（叱られる）ことはない。そのために、自分の意志で行動するよりは上の顔色をうかがってしまい、やる気がなくなり、活動性が低下することが往々にしておこる。教師は情報伝達者と化してしまう。このタイプの組織の場合、規則と管理のみでシステムが駆動することになる。

第二に、組織が硬直化してしまい、柔軟性に欠けることがあげられる。階層社会が組み上がると、下からの情報が上に届きにくい。自分がとくに損をするわけでもなく、安定した状況が続くのであるならば、他人に関することや悪い話は上に上げないでおこうとする心性が働く。安定した状態の学級集団であれば、教師の指導が行き渡るだろう。いったんシステムが硬直化した場合、たとえばいじめ事件などが発生した際に、教師がまったく気づいていなかったとよく報道されるのは、こうしたメカニズムが背景にある場合が少なくない。

第三に、リーダーである教師がすべての生徒のすべての行動を管理することなど到底できない。生徒を取り巻く環境の複雑さが増大していることはもちろんだが、教師の多忙さもさらにそれに拍車をかけている。リーダーである管理者が管理できないのでは、その集団が十全に機能することは不可能である。全員が勝手なことをしだし、右往左往するのが関の山である。

(3) ネットワーク型の学級集団へ

日々の複雑で多様な事象に対応するためには、従来の階層型組織では限界がある。克服するためには、構成員が自律してより意欲的になり、より柔軟に、より活動的であることが求められる。そのために必要なのが、ソーシャル・キャピタルの基本原理として考えられている、「信頼」に裏づけられた「規範」をもとに形成された「ネットワーク」型の学級集団である。こうした学級集団のありようを、ネットワーク型社会（コミュニティ）と呼ぶ。

これからの時代が求める組織は、ネットワーク型の発想にもとづいた組織であると考えられる。比較的水平的で柔軟性のある組織だ。そうすることで、参加者は単なる情報伝達者ではいられなくなり、自らが駆動しようとする意欲をもつようになる。なぜなら、自らが情報を受発信することで周囲の人たちが活動し、その活動が活性化する体験を数多く経験することになる。そうした体験から成就感や有用感が形成されることは、さらに次の活動を生む大きな原動力となる。そうして醸成された活動が次のネットワークを生むことで活動の連鎖を繰り返し、いわゆるオートポイエーティックなシステムをつくっていく(3)。

ネットワーク型組織の指導者には、従来の階層型組織の指導者とは違った役割が必要とされる。それは管理、統制し、細かい指示や注意をおこなうことではなく、基本的なビジョンや組織としての価値観、達成すべき目標を示すリーダーシップが求められる。適切なリーダーシップが発揮されることで、集団の活動は目標志向的になり活動性が増大するばかりではなく、適切な行動が選択されるようになってくる。

(4) 結合型ソーシャル・キャピタルと連携型ソーシャル・キャピタル

ここで、社会関係資本概念の中核であるネットワークのタイプについて考える。社会関係資本をめぐる議論のなかにも、いわば機能ごとにソーシャル・キャピタルを分類して考察している。それは、坂田(二〇〇二)が指摘するように、社会関係資本の用語がその定義や適用範囲を明確にしないまま使用されてきたこととの批判への回答でもある。曖昧で多義的に解釈される用語の乱用が、多くの社会科学の領域でその理論形成から厳密さを奪っていることに対して、その定義を研究対象や目的に沿って限定することで、社会関係資本概念を有効に活用しようとする試みである。

集団におけるソーシャル・キャピタルの機能を考えるとき、その適応範囲の類型を概観する。たとえば、ナラヤン(一九九九)は、「結束型(bonding)ソーシャル・キャピタル」と「接合型(bridging)

ソーシャル・キャピタル」に分類した。前者は、共同体の構成員に協調行動をとらせる社会関係や規範の形成である。後者は共同体と外部とを結びつけるネットワークであり、外部の他者との関係で規定される、とした。また、吉田（二〇〇一）は、World Bank（二〇〇〇）の報告をもとに、「結束型ＳＣ」の機能としてグループ内の結束を強めること、「連携型ＳＣ」の機能として貧困層をフォーマルな制度（銀行や市場など）に近づけること、と紹介している。

日本総合研究所（二〇〇八）によると、「結合型ＳＣ」は次のような特徴をもつとしている。それは、組織の内部における人と人との同質的な結びつきで、組織内部での信頼や協力、結束力を生むものであり、社会の接着剤ともいうべき強い絆や結束によって特徴づけられる。そして、このＳＣは内部志向的であり、この性格が強すぎると、「閉鎖性」や「排他性」につながるばあいもありえるとしている。一方、「橋渡し型ＳＣ」は、異なる組織間における異質な人や組織、価値観を結びつけるネットワークである。そのため、このＳＣは、「結合型ＳＣ」に比べて、絆や結束の点においてより弱く、薄い特徴がある。しかし、「橋渡し型ＳＣ」は、より「開放的」「横断的」であり、社会の潤滑油ともいうべき役割を果たす、とみられている。

こうした議論から、社会関係資本のグループ内外への影響の仕方から、ソーシャル・キャピタルが大きく二種類に大別できる。組織内の結束力や協調行動を重視しようとする内向きなソーシャル・キャピタルと、所属するグループと外部との結びつきを促進しようとする外向きなソーシャル・キャピタルである。本書ではこれまでの先行研究を踏まえて、前者を「結合型ＳＣ」、後者を「連携型ＳＣ」と呼ぶ。

第2節　創発学級の発達サイクル論とソーシャル・キャピタル

(1)　発達サイクルとソーシャル・キャピタル

活動の主導権の次元からみた学級集団の四つのタイプは、その内的構造を生徒相互、生徒－教師の信頼関係のありようによって分類された。このことはこれまでみてきたとおりである。じつは、こうした分類は、ソーシャル・キャピタルによる分析と通底するものがある。表５－１は、学級類型と、教師が学級集団に活用したソーシャル・キャピタルを整理したものである。学級集団の発達サイクルに沿って考える。

「放任学級」（タイプⅡ）では、教師の指導が効果的でなく、生徒相互の社会関係資本を活用できない、ソーシャル・キャピタルの希薄な状況にあるといえる。そこからしだいに、教師の強権的な指導をおこなうことで状況の複雑さを縮減しつつ安定していく。この「安定学級」（タイプⅢ）においては、教師は生徒たちのグループ内の協調行動を求めることが多い。グループ内の結束を求めるのである。この協調行動を求める指導は、結果として、結合型ＳＣの機能を強化し活用することで、均一な社会（学級）づくりを形成することに結びつく。そのため、このタイプⅢの学級においては結合型ＳＣの強く張り出した社会である。そうすることによって、教師は自らの意志の伝達を効率よくおこなうことができ、イレギュラーな出来事を排除できるようになる。階層型の単線的なシステムを強化することは情報

表５－１　創発学級の発達サイクルと活用するソーシャル・キャピタル

タイプ種別	学級の分類	活用するソーシャル・キャピタル
タイプⅠ	創発学級	強 ↑ 連携型SC
タイプⅣ	安心学級	↓ 弱（連携型SC）／ 弱 ↑（結合型SC）
タイプⅢ	安定学級	結合型SC ↓ 強
タイプⅡ	放任学級	SCの希薄な状況

や価値観、ルールを伝播するためには必要なことである。学級集団や生徒集団に結合型ＳＣの内向きで相互の結束力を重視する関係性をもたせることは、自らの価値観で規範・ルールを確立し管理を容易にするためにも、このタイプの学級集団には重要である。こうした傾向は、とくに教師の力が強く、結合型ＳＣをつくりやすい学級の状態、とくに生徒の発達年齢が低い、小学校の低学年段階に多くみられる。いわば「学級王国」としばしば評されるような、教師が強権をふるうタイプを指す。

　ところが、生徒の自主的で活発な行動を育成するためには、結合型ＳＣだけでは十分ではない。学習内容や活動内容によっては、固定的な人間関係の枠を超え、ときには学級集団を超えて、学年や学校全体あるいは学校の枠を飛び越えた活動が求められる場合がある。そのようなときに必要となるのが「安心学級」（タイプⅣ）である。（「安定学級」にみられたような）教師と生徒、生徒同士の関係での上意下達の関係を変容させる必要がある。こうした学習や活動状況においては結合型ＳＣの機能が幾分弱まり、代わって連携型ＳＣの機能が学級社会にとって重要となる。それまでの人間関係にとらわれず、状況によって可変する関係を肯定的にとらえるような信頼関係や風土が学級全体のなかでしだいに広まっていく。そのためのきっかけづくりは教師にとって重要な役割である。その典型例が「創発学級」（タイプⅠ）である。

創発学級では、グループ内部の規範にとらわれず、自主的な活動が活発になる。この学級社会においては、結合型ＳＣは影を潜め、連携型ＳＣが強く機能するようになる。グループを飛び出して闊達に活動する生徒のための学級内ネットワーク、信頼関係などが構築されており、そしてそういった活動を支持する規範といった社会関係資本が確立してきている状態にあることを指すのである。

（2）事例にみる創発学級におけるＳＣのありよう

ここで実際の事例をもとに、どのようにタイプⅠの「創発学級」がつくられていったのか考察する。以下は、大学生が中学校時代に創発学級を経験した事例報告である。

事例　中学校における「創発学級」

中学校時代に体験した印象に残っている学級について話をしてみたい。担任教師は四〇歳代半ばの女性教師であり、経験年数二〇年ほどであった。中学校一、三年時の担任であった。専門科目は国語で、性格は温厚であり、おしゃれで、そして言葉づかいが丁寧であった。しかしたまにくだけた話をしてくれた。私たちより三、四歳上の高校生の子どもがいた。

中学校に入学時の学級プロフィールは次のようであった。男子一九人、女子一六人であった。女子は四〜五人のグループと、常に二人組でいるおとなしいグループが半々くらいだった。二人組のグループのなかには、学級からやや浮いているものもあった。仮に彼女たちをA子、B子と呼ぶ。この二人は、中学校では禁止されているギャルメイクをしていたり、不良の先輩と付きあったりして、なんとなくみんなを近づけがたいところがあった。また、この彼女らは、真面目な人や活躍している人、正論をいう人をけなして笑ったりするために、学級委員など、学級をまとめる立場にある人たちから余計に煙たがれる存在でもあった。後述するが、行事などにも非協力的なため、トラブルメーカーでもあった。

男子はいわゆるオタクといわれるキャラの強い人が三〜四人いたが、その人たちが省かれたり、いじめにあたりすることもなく、むしろおもしろいムードメーカーとしてキャラが成り立っていた。他の男子も全体的におとなしく、協力的で優しい人たちだった。学級内に目立ったいじめや対立が起こらなかったのは、相手を気遣いながら的確につっこむ乗りのよいクラスメートの存在と、自然にふるまっているようにみせて、じつは学級経営が上手であった担任教師のお陰だと推察される。

四月

この中学校では、三年間学年の教師は全員もち上がり制だった。学年進行によって学級担任が替わることはあるが、学年の生徒たちの顔も性格も知っているので、別段緊張を覚えることもなく、それぞれが学級に馴染んでいった。はじめはおとなしい学級……というよりも、反応の薄い学級だった。担任が「静かな学級だな〜！」という、自己紹介の後の言葉をいまでも覚えている。

この先生は、（自ら明言はしなかったが）活動的な生徒にはドンドン仕事を任せ、活動的でない生徒には挑戦する機会を多く与える指導方針だった。とくに二年間生徒たちを指導してきているので、生徒の性格や能力や技能などの得意・不得意について大概のことを把握していた。たとえば、企画やみんなを仕切るのが得意なのに実行委員を遠慮している生徒がいると、「どうしたの？　得意じゃないっ！」といって思い切り背中を押す。また、いつも控えめな生徒が自分には無理だといって人前に立つことを避けようとすると、「やってみなさいよー。ね、できるね♪」といって、相手に反論の隙を与えない。気がつくと、あっけにとられているあいだに役職を任されている……といった具合だ。しかし、こういう担任のさりげなさも、強引さも、私たちの学級には必要だった。

中学校総合体育大会

担任自身は卓球部の顧問であったが、中学校総合体育大会の前には学級の生徒全員にさりげなく声をかけていた。とはいっても、担任教師は勝ちにこだわっているわけではなく、「思い残すことがないように」といった言葉や、「練習がハードで大変な人も、今だけですからね。こんなふうに必死になって部活を頑張れるのも」といったいたわるような言葉をかけ、とにかく私たちが力を出し切れるようにと願って励ましてくれた。また、新体操部の男子が練習疲れで給食をあまり食べていない様子に気づくと、その都度体調を気遣ったり、少しは食べるようにと給食の度にその男子に声をかけていた。その姿はまるで、母親のようだった。

問題解決

私が友だち関係でもっとも悩んだ時期に救ってくれたのも、やはり担任教師だった。陸上部の副部長であった私は、県大会に向けて熱くなるあまり、一部の部員と温度差があることに気づかなかった。多少の小雨が降っていても練習を強行したり、練習をさぼったり、朝練に来ない人に厳しくしてしまったので、ますますやる気のない部員とのあいだに溝ができてしまった。

ある日、私が部活の時間に校庭に行くと、同じ学級でもあり、最近朝練を休みがちである二人の女子が私の目の前で、聞こえるようにぶつぶつと私のことを話していた。気にしないでアップのランニングをしようと呼びかけると、他の同じ学年の女子も私について来ない。目を合わせずにずっと座って話している。……シカトである。仕方がないので、「ランニング行くよー」と叫んで走り出すと、一、二年生の後輩たちだけが私について走ってくれた。他の外の部活の人たちも、いつも走っている人数よりも明らかに少ないので、その異変に気づいていた。

私はというと、悔しさと怒りと、何よりも自分には友だちがいないことを突きつけられているような気がして、ランニング中ずっと辱めを受けている気持ちだった。我慢できなくなった私が「いいたいことがあるなら直接私にいって」と中心の二人にいうと、「じゃ、こっちに来て」といって、駐輪場に連れて行かれ、私に対しての不満を散々いいまくられた。私も、一人で突っ走ってしまったことを謝り、練習にちゃんと参加してほしいことを伝え、形は和解したはずだった。しかし、事態は好転せず、二人の態度は変わらないまま。それから二週間ほど、部活での後輩以外の人たちからのシカトは続いた。あんなに燃えていたのに、部活に行くことが辛くてたまらなかった。でも、行かなければ負けてしまう気がして、自分の練習を続けた。

そんな私の元気のない様子に気づいて、担任教師は私を来客室に呼び出した。「最近なんか元気ないんじゃない？」と聞かれ、私はこれまでの経緯と、私のことが気に入らないみたいだから、もうあの子たちに何をいっても伝わらない、友だちに戻るのもあきらめている、と投げやりな態度で話した。すると、先生は、「三年間一緒に練習してきたのに、避けあったまま卒業なんて悲しいよね。時間がかかってもいいから、わかりあえるといいな」その後一ヵ月、何回も先生と私の秘密の相談は続いた。後で知ったことだが、先生は部活の顧問や、私の親、学年主任と何度も話をして私にとって一番よい方法で解決できるようにと骨を折ってくれたようである。そんなきめの細かい対応と、生徒の様子の異変を顔色などで察知する早さから、忙しい毎日のなかで、常日頃から本当に私たちに気を配り、心から生徒を思ってくれているのだな、と担任教師の愛情を感じることができた。

合唱コンクール

「最後の合唱コンクールで、絶対に最優秀賞をとる！！」と、学級目標をかかげ、私たちは自分たちが優勝することを微塵も疑わずに練習した。それも、担任の声かけのお陰だった。「絶対大丈夫よ。あなたたちが一番うまい」といいつづけ、私たちはその言葉に背中を押され、モチベーションを維持したまま、練習を続けることができた。問題児のA子とB子がなかなか練習に参加しなかったり、学校を休んだりしてもめたこともあったが、練習で後れをとった分は、周りの人が楽譜の音階をふってあげたりして、学級全体が一つになっていった。先生はとくにその二人に話をしたり、二人を助けてあげるように、私たちに話したりしたわけではない。でも、相手を責めるよりも、相手に寄り添ってあげる気持ちが自然と生まれるような学級の雰囲気をつくり上げていたのだ。結果的に、私たちは最優秀賞を取ることができた。みんなの絆がより深まった出来事だった。

この担任教師は、学級をつくるうえで、背中を押す言葉をかけることによって、生徒のやる気をうまく引き出し、思い切って立ち向かう勇気を出させてくれた。私自身の体験から、うまくいっている学級は、担任教師があまり表だっていないようにみえて、実際は担任教師が上手に舵をとって成り立っていたのではないだろうか。

(3) ソーシャル・キャピタル的視点からの考察

この「創発学級」の事例は、中学校へ入学直後の不安で、ともするとそれまでの小学校時代の結合型SCが解体されて自らの居場所がない生徒たちへの配慮を適切におこない、新たなSCを築いていくことを支援しようとする担任教師の様子がみてとれる。「自然にふるまっているようにみせて、じつは学級経営がうまかった担任のおかげ」と記述しているように、担任教師は生徒が安心できるように結合型SCを築いていっている。その後、部活動や合唱コンクールなどでのイベントや葛藤場面をとらえて効

表5-2　指導タイプにみる担任教師の行動

ボンディング（結合）型指導	ブリッジング（連携）型指導
いろいろな生徒に声をかける。仕事を割りふりながら活躍の場を与える。自信をつけさせる。	多くの活動へのいざない。
「思い残すことがないように」励ましやいたわりの言葉。	
部活の悩みを聞いてくれる。	部活の顧問や親，学年主任とも話しあい，きめ細かく対応。担任との関わりから周囲からのサポートへ。
合唱コンクールで最優秀賞を取るという目標づくり。 学級のモチベーションを上げる。	相手に寄り添ってあげるような雰囲気づくり。 周囲の人が楽譜のお世話。
みんなの絆が深まって最優秀賞を取ることができた。	背中を押し，やる気を引き出す。思い切って立ち向かう勇気を与えてくれた。

果的に指導を加えることで、連携型ＳＣへと生徒を導いている。

いろいろな経験を経ることで、生徒は「みんなの絆がより深まった」と感じ、所属感や達成感を味わっていくのである。

(4) ボンディング型指導からブリッジング型指導へ

ここで考察することは、こうしたソーシャル・キャピタルの機能がしだいにその適用をグループ内からグループ外へと移行する過程、すなわち結合型（ボンディング指導）ＳＣから連携型（ブリッジング型指導）ＳＣへと移っていくプロセスである。とくに、低学年においては、結合型ＳＣの機能の影響を受けることは重要な意味をもつ。この時期の生徒たちは基本的な生活習慣の獲得の段階にあり、人格の形成時期において共同体の一員としての価値観や社会関係、規範などを学習することを課題とされている。つまり、学級集団社会における結合型

ＳＣの機能によって、生徒たちは集団社会における関係性の結び方や規範の形成の仕方、道徳などについて学び、経験するのである。それはその後の信頼関係性や人格形成に大きな影響を及ぼすことになる。それまでの小学校では出会わなかったような人たちとの出会いや、新たな場での多くの人々との関係の構築が、やがてそれまでとは別の学級観や所属感を生むことにつながっていくのである。それを支えたのが、表5-2にあるような、ボンディング型指導における「いろいろな生徒に声をかける」といった教師の指導行動であり、それを契機として他の活動や他者へとつながらせていこうとする指導行動なのである。

(5) スクール・ソーシャル・キャピタル

たとえば、転校や学校の統廃合などによって、それまで自分が所属していた社会システムとは違った環境に異動したとき、その社会が連携型ＳＣの強い社会だとしたらある種のとまどいを感じざるをえないだろう。このとまどいをとおして、これまで自分のなかで行動原理としていた考え方や社会的規範（基準）と新環境でのそれらとの違いに気づき、自分の居場所を見失い、他者への信頼感も醸成できなくなる場合もでてくるだろう。もしかしたら、とくに学級集団社会においては、その集団発達サイクルのなかにおいて結合型ＳＣの存在が前提とされる可能性がある。つまり、共同体としての学級集団の結束を高め、協調することの楽しさや難しさを経験させ、生徒相互または担任教師との価値観をすりあわせながら関係をつくっていくことを学ぶことが必要とされる。そのことが、集団への所属感を高め、自

表５−３　ソーシャル・キャピタルとスクール・ソーシャル・キャピタルの定義

私的財としてのソーシャル・キャピタル	個人間ないしは組織間のネットワーク
公的財としてのソーシャル・キャピタル	社会全般における信頼・規範
クラブとしてのソーシャル・キャピタル	ある特定のグループ内における信頼・規範（含む互酬性）
学級集団としてのソーシャル・キャピタル　スクール・ソーシャル・キャピタル	教室内におけるネットワークづくりからなる信頼・規範。

（稲葉（2007, 6頁）をもとに作成）

己や他者を認めあい信頼性を陶冶する家族関係から独立して学童期の基礎的な経験となる。

ところが、結合型ＳＣの機能に覆われたなかで過ごしつづけることは、その学級や共同体の価値観の偏狭さを生み、内部志向的で排他的な傾向を強めてしまう。生徒が所属集団のもつ価値をふまえながら、さらに外部との交流をおこない、より多様な価値観とふれあう経験を経ることで人間性を陶冶していくことが求められるならば、結合型ＳＣの関係性のなかだけで生活することは十分ではない。連携型ＳＣによる「他者」との交流が必要なのである。結合型ＳＣから連携型への移行をスムーズにするためにも、この段階での経験と適切な時期における離脱が必要だ。わが国の学級制度が一年間または二年間を単位として学級編成替えがおこなわれていることは意義のあることである。

ソーシャル・キャピタル研究においては稲葉（二〇〇七）が指摘するように、「ソーシャル・キャピタルが豊かな地域での不登校率は低い」など、教育への影響は大きいと思われるし、学校と地域社会との関連性がみられるのと同様に、教室内の関係性が教育の成果に大きく反映されることはこれまでの考察からも明らかである。学校という制度的で特殊な社会装置に所属し、大人の教師と発達途上の生徒からなる学級集団は、社会における信頼や規範、ネットワークづくりなど広範な分野を取り扱うことができるソーシャル・キャピタルの領域のなかで独自の位置を占めると考えることができる。こうした教育現場における人間関係性や信頼の醸成、ネットワークづくりなどについて「スクール・ソーシャル・キャピタル」ととらえて検討していくことが必要となるものと思われる。表5-3にその定義を示したが、前出の稲葉の定義に従うならば、私的財と公的財の中間にあたるクラブとしてのソーシャル・キャピタルの分類に含まれるが、学級集団の特殊性から考えるスクール・ソーシャル・キャピタルは、従来のソーシャル・キャピタル論の一つの特殊な領域としての考察をおこなうことが求められる。

第3節　これからの学級集団社会づくりのために

担任教師がよくリーダーシップを発揮して、指導に工夫を凝らし、生徒たちが安心して活動できるような安心型の学級集団になったとしても、それは所詮、教師主導の集団指導のレベルから脱却してはいない。結合型SCから連携型SCを活用し、創発学級へと移行していくことは容易ではない。実際に生徒が自主的に活動し、相互に高めあうグループとして成長させるためにはどう導き、支援すればよいのだろうか。多くの教師は日々の実践のなかで悩みながら試行錯誤しているといえる。

本書では、学級集団指導のあり方を、教育の場における学級指導という現在のありようから、学級を

「学級コミュニティ」へと視点を変え、集団づくり・コミュニティづくりをおこなうことを提案したい。ここでいうコミュニティとはウェンガーら（二〇〇二）によって紹介された「共通の専門スキルやある事業へのコミットメントによって非公式に結びついた人々の集まり」を指す用語である。学校行事等への自発的な参加を促し、生徒の活動を保証するような学級経営をおこなうこと、学級をコミュニティ化することは大きな意義があると思われる。

これまでの学級集団についての考え方は、学級の構成メンバーである生徒たちの個性を認めながら、教師が指導をおこなうことで学級という一つの集団を運営していくイメージであった。もちろん、学級の活動は多岐にわたる。日常の生活指導、学習に関すること、学校行事への対応はもちろんのこと、ときには家庭や地域との連携を必要とするようなことも要請されることも多い。そうした場面に即して、教師は個々の生徒の適性を考慮しながら学級運営をおこなうことが求められる。勉強の得意な子、運動の得意な子がいる。合唱の指揮が上手な子、劇の大道具づくりが得意な子もいる。それらの生徒たちの特性を見極め、さらに彼らが育ってきた多様なバックグランドとしての家族とその歴史的な背景をも理解し、理解しようとする態度をもちながら、集団として効果的に成果を上げられるように判断して指導をおこなうことは難しい。

学級経営を効果的におこなえない教師のタイプは、第2章をもとに考察すると、二つのタイプが考えられる。タイプⅡとして報告されているような放任学級の教師像がその一つの典型である。このタイプの教師は学級経営に自信や関心がなく、生徒に対する適切な指導をおこなわずに放任してしまうのだ。

他方、ある意味教師としての使命を強く感じる教師が陥りやすいタイプⅢの安定学級の教師像がある。このタイプの自分が何とかしなければと思う教師は、過剰に指導を意識してしまい生徒を管理し、教室が安定するために行動してしまう。その結果、結合型SCが過度に発現し、生徒たちの反発や無気力が生じ、学級経営がうまくいかなくなるのである。

こうした二つのタイプの教師は、子どもたちへの理解が十分でないと同時に子どもたちの背景にある家族を含めたコミュニティに対する理解が十分ではない。教室内で教師が感じている状況は、生徒が表出するメッセージの一部でしかないし、その表出もまた生徒のコミュニティの一部でしかない。感じ方や考え方を共有しようとする営為や努力なしに、教室の場面への介入を忌避したり、自らの意思のみを学級のコミュニティのルールとして統制したり審級しようとしても、それでは効果的な学級経営はできないだろうと予想される。

学級における教師のスタンスは、学級経営を考察するときに管理する立場やときには統治する立場からのものが多かったことは、教育制度上やむをえないであろう。しかしながら、そうした視点からの指導では学級経営が成功しないことは、蘭・高橋（二〇〇八b）の指摘からも明らかである。多くの教室で教師たちが悩んでいる学級経営を改善するためには、視点の変更が必要である。すなわち「学級という共同体（コミュニティ）への参加」の視点である。

コミュニティとしての社会関係を重視することは、コミュニケーション重視の視点から関係性重視への転換である。これまで、教師は生徒とのコミュニケーションを重要視してきた。だが、それは「声をかける」「様子を観察する」レベルのものであった。もちろん、そうした営為を否定するつもりはないが、それはじつは、学級集団づくりのために多くの生徒とのコミュニケーションを取らなくてはならないという自分のよりよい職務遂行のための手段でしかなかったのではないだろうか。生徒と向きあうことは手段ではなく、目的になるべきである。彼らとどう関わるか、関係性の結び方としてのソーシャル・キャピタルの概念が、コミュニティとしての学級集団づくりには大きな支援になると思われる。

注

(1)　訳語はまだ統一されているとはいえないが、ここではより一般的に用いられていると思われる社会関係資本という訳語とする。社会関係資本という概念の曖昧さに関する議論については後述する。

(2)　ロバート・アクセルロッド他（著）、高木晴夫（監訳）二〇〇三「複雑系組織論」ダイヤモンド社。舘岡氏は、現在の「管理主義」の問題点として、次の点をあげている。たとえば、①管理者と被管理者がある（ヒエラルキーが存在し、上位者と下位者が存在する）、②下位のものを管理することで、上位者の目的に合わせた行動を下位者に取らせることができる。③計画の前提が一定期間それほど変わらない、④上記により利益がもたらされ、管理者も被管理者も、それぞれの境遇でベストと思われる利益が得られる。この四点に対して、現在、企業では生産物が全部売れるわけでない。だから、消費者のニーズ状況にあわせた生産活動が必要になってくる。そうなると、②の上位者が下位者に明確な指示も出せないし、③の計画の前提が立たず、状況は常に流動的である。したがって、④両者ともにベストな利益が得られるわけでない。

(3)　オートポイエーシスという概念は、システムがシステムを自己組織的につくり上げていく、自己が自己をつくりあげるというシステムを指している。ネットワークはネットワークを産出することで自らのネットワークを維持することが可能になる。

第6章　創発学級を生むために

第1節　これからの学級経営

明治の学制発布以来、わが国では伝統的に学級を単位として、授業・行事などの学校教育がおこなわれてきた。生徒の学習意欲を喚起し、授業を円滑におこなったり、学校行事などに積極的に参加させることは教師の重要な職務であり、課題であった。しかしながら、今日、担任教師にとって、「学級経営」が大きな悩みの一つにあげられている。「集団としてうまく機能させることができない」「私語が多く、立ち歩きなどがみられ、学習が成立しない」といった悩みをもつ担任教師は数多い。

(1) うまくいかない学級経営

学級経営がうまくいかないとき、学校の事情や状況を共有する同僚や先輩教員に相談できればよいが、それは意外にうまくいかない。なぜなら、担任教師は、たとえ教員経験が少なくても一職業人としてのプライドやプロ意識をもつため、同僚や先輩教員に学級経営に苦戦していることを相談できないことが多い。それ以上に相談を難しくしているのは、学級経営がうまくいっていない担任教師にとって、どういう点が自分の学級でうまくいっていないのか、その具体的な内容を相談相手に的確に伝えられないことである。「なんとなくしっくりこない」とか、「なんとなく生徒とあわない」など、生徒と担任教師のあいだの「微妙なズレ」をうまく表現できないために適切なアドバイスを受けることができないのだ。

元来、学級経営とは、担任教師がいかに学級を指導（管理）するのか、という立場から語られることが主流であった。一つの学級の生徒集団をどう指導し管理するかが担任教師の役割であり、それが担任教師としての力量とされた。それゆえ、学級経営がうまくいかない教師は、同僚や先輩教員に相談することによって、担任教師としての自らの力量不足をさらけだすことになりかねないため、それを敢えて表に出さず、自分で抱え込んでいるのである。

担任教師が、自分の学級の安全を守り、生徒が安心して生活できるように指導し管理することは当然のことであり、学級の安心・安全を担保しなければならない。そのために担任教師のリーダーシップが求められるし、指導力が必要になってくる。しかし、それだけでは生徒たちを充分に教育できない。学級の生徒たちの安心・安全を図ることを最優先にすると、担任教師の指導が押しつけのルールや規則を順守させることを重視するだけの管理的なものになってしまう。このような管理的色彩の強い教育だけでは、生徒たちは与えられた教育環境に順応するだけのただの受身的な存在となり、教育ほんらいの目的である生徒たち自らが学習課題をみつけ、その解決に向けて互いに協力しあい、創意工夫するような自律性を伸張させ、身に付けていくには十分ではないのだ。本章は、子どもたちの自律性を育む教育の観点に立って、学級経営や集団指導について考える。

（2）変化する学級経営の考え方

近代の産業化社会を発展させていくために、アメリカにおいては一九四〇年代、日本においては一九六〇-七〇年代において、高品質の食品や衣類から自動車や電化製品に至るまでのものをしかも均一に生産していくことが大量生産・大量消費社会のニーズであった。それにこたえる形で、効率的に近代産業社会を支えるためのリーダーシップのあり方や組織管理の方法が考え出されてきた。

その代表的な研究が、レヴィン（一九四三）による著名な民主的リーダーシップ、専制的リーダーシップの研究である。生産を最大にしていくために、リーダーと集団成員との関係に焦点を当てた一連の研究は、すぐれた成果をあげた。わが国においては、ＰＭ理論に関する三隅ら（一九七七）の一連の研究により、さらに大きく展開されていった。

こうした研究成果を踏まえ、近年、集団をどう管理するのかに加え、集団の枠組み（境界）そのものを問う視点が注目されている。従来は、組織や集団の枠組みが固定化されており、内集団あるいは外集団を弁別することが比較的容易であった。だが、今日、情報や物流の高速化・多様化により、一つの枠組みに収まり切れない組織や集団の様相が、もはや平準化されてきている。

そのため、一つの集団の成立や機能を、周囲から隔絶された実験室集団研究の成果にのみもとづいて考察することは必ずしも有効ではないという認識が定着してきており、社会的な枠組みや文化的な背景から組織や集団について考察されるようになった。この傾向は、一九八〇年代の大量生産・大量消費社会への反省以降、顕著になった。

集団は、その構成員ばかりではなく、取り巻く環境からの影響を大きく受ける。金井（一九九一）は、一つの会社組織における中間管理職者のリーダーシップ行動を、担当部署内行動にだけ注目するのではなく、他の部署や上位部署との関係によって影響される観点から検討した。

学級集団も、いや、学級集団はその成立の経緯から鑑みても、社会的な影響を大きく受ける。社会的な影響が大きいからこそ、教師は社会の要請に過剰適応し、生徒の教育により管理的になっている側面もあるかもしれない。だが、担任教師を中心とした管理的な学級経営が効果をあげるどころか、逆に多くの歪みを生んでいることは、最近またマスコミや社会を騒がせているいじめ等の問題によっても明らかである。

では、いったいどのように学級集団の経営をおこなっていけばよいのだろうか。また、どういった観点から学級集団をとらえていけばよいだろうか。

第2節　創発学級の意味

(1) 複雑系の特徴

第2章で指摘したように、担任教師などが生徒へのリーダーシップを発揮し統御することが難しくなった現代の学級経営において、有力な手がかりになるのが複雑系の考え方と自己組織的な集団運営の発想であろう。

近年、複雑系に関しては研究が進み、多くのいろいろな考え方がある(1)。本章は、複雑系を、教育の場における学級集団研究の視座から井関（二〇〇八）の考え方を参考に、「多数の構成要素からなる集団で、各要素が他の要素や環境と不断に相互作用をおこなっており、その結果として要素の総和以上のふるまいを全体が表すもの」と定義する。じつは、こうしたふるまいをするシステムを自己組織性や自己組織システムと呼ぶ。これらはいずれも複雑系の概念を表す用語である。

複雑系の特徴は、井関（二〇〇八、二八—二九頁より一部抜粋）によると、以下のように表される。

①複雑な現象を複雑なままみようとする知的態度（単純化神話の拒否）
②多様な要素・単位が相互に関わりあって変化している様態への関心（相互作用効果）
③要素・単位間のたえざる相互作用が、将来事象の生起と方向に大きな影響を与えることの認識（予測不可能性）

④局所的な相互作用から、予期せぬパターンや新しい構造が派生する（創発性）

複雑系についての考察をみると、一九世紀以降、顕著になった近代化や産業化と呼ばれる時代の合理主義的考え方からのパラダイムシフトがみられる。複雑で多様な現代社会において、下位の社会集団や学級集団を考える際、従来型の管理主義や制御のシステムでとらえることがもはや十全ではない。複雑系へのパラダイムシフトは社会的な要請といえるのだ。

（2）自律したサブシステムによる「創発学級」の運用

中央による集中管理をおこない、全体を制御するシステムに代わって、多様で複雑な個を尊重する複雑系のシステムが求められる。それは「要因・要素である個（いわゆるサブシステム）が自律的に制御をおこない、その先に全体が調整されるようなシステム」である。学級集団のように三〇人以上の多様な生徒の個性が出会う状況においては、一人の教師のみが中央制御する管理の仕方は、生徒たちの情報に関する収集や分析、対処方法の選択など実践の場においてはたいへんな負担となり、実質的に生徒たちの情報収集や分析は不可能である。

それに対して、学級経営に生徒個々の自律システムによる管理に委ねる複雑系の考え方を取り入れることができると、先の教師の負担は軽減され、学級経営の効率性が大きく向上するといえよう。しかも教師中心の中央制御型装置の暴走、教師の不正確な認識についても、個々の生徒たちが自律して制御するために、生徒個々のサブシステムが受けるダメージは、中央制御型装置に比べてしなやかに強いといえよう。さらに生徒個々が自律して判断するために、多様なサブシステム同士が自由に関係づけをおこないながら活発に相互作用できる、局所的な場を形成し共有できる強みがある。これこそが創発が生まれる瞬間である[(2)]。こうしたサブシステムの自律という観点から考察してみると、複雑系の考え方は中央制御型の管理システムから脱却するための有効な手段である。

だが、実際の教室では、教師がシステムのすべてをサブシステムとしての生徒たちに委ねることは難しい。そこには、生徒たちの発達や経験、安全性の確保など、クリアしなければならない問題が多くあるからだ。教育実践の場である学級経営は、生徒たちの自律したシステムと教師の適切な管理運営とのバランスを取る形での運用がもっとも現実的な対応である。本書はこうした学級経営によって導かれる学級集団を「創発学級」と呼ぶ。

(3) 創発学級における信頼と関係性

複雑な学級集団を経営していく際、生徒たちの自律システムと教師の管理とのバランスの取れた学級集団としての創発学級は、構成要素である生徒間の関係づくりのあり方が集団の生成や運営にとって大きなポイントとなる。それは生徒同士の関係性のありようが複雑性を支える根幹だからである。

このことは、生徒同士の関係性が学級の審級者である担任教師から一方向的に規制を受けるものであったこれまでの管理的な学級のあり方との大きな相違点である。いわば、システムの末端にある個(生徒)の判断で、その個からスタートする関係性の創出を生み出す相互作用のあり方を認めることは、自律したシステムとしての個（生徒）を認める創発学級の特徴なのだ。すると、そこでは制度的に学級集団に関する安心・安全をはじめとした実際的な運用の責任を担う担任教師に大きな資質を要請することになる。それは生徒個々や生徒個々によるシステムへの「信頼」である。

アスレイナー（二〇〇四）は、「他人を信頼するか否かは本質的に戦略的な事柄である。戦略的に（または知識にもとづいて）人を信頼することにはリスクが付随する」と、先行研究にもとづいて述べている。日本人は特定化信頼の度合いが高いといわれる。これを換言すると、似ている人同士や仲間関係にあるメンバー同士の相互監視や制裁による人間同士の結びつきの不確実さを解消していこうとする「安心社会」である、と指摘している。山岸のいう「安心社会」は、パットナム（二〇〇一）の強い絆（関係性）にもとづく、すなわち似たような特徴をもつ人同士で結束を固めるような内向きで閉鎖的な「結束型（bonding）」集団と対応している。

こうした日本型の特定の人間同士の、いわば内集団の結びつきや（ソーシャル・キャピタル（social capital 社会関係資本）論でいわれる）強い関係性を重視するスタイルは、わが国の明治以降の学制発布以来、学級経営のなかに色濃く引き継がれてきた。教師が中心となった従来型の管理的な学級経営のスタイルは、じつは担任教師（お上）に任せておけば、知っている者同士の、特定の人間同士の強い結びつきが守られる「安心学級型の学級経営」のスタイルだったといえよう。われわれは深く意識することなく、暗黙裡にそういう学級を典型的な日本型安心学級として認めてきたのであろう。

こうした関係性や結びつきについてはグラノヴェター（一九七三）による「強い紐帯」「弱い紐帯」

表６−１　関係性の強弱による集団の特徴

強い紐帯・結合型　集団の特徴	弱い紐帯・橋渡し型　集団の特徴
〈長所〉 結束力があり結びつきや凝集性が強い。関係性が安定しているため安心感を抱きやすい。価値観を共有しやすい。	〈長所〉 柔軟に関係性を結ぶことができる。創造的な仕事に向いている。自由な発想が可能。ネットワークが多様で広範囲に及ぶ。
〈短所〉 人間関係が固定化してしまう。価値や判断の幅が狭い。ネットワークが閉鎖的。	〈短所〉 自律できない人間にとっては不安定で安心できない。固定的な関係性を結びにくい。

という考え方がある。強い紐帯は結束力があり安定しているが、反面人間関係が狭く固定しがちであり、「ゆらぎ」がなく、創発的な活動が生まれにくいなどの特徴があるとされる。一方、弱い紐帯は目的や活動に応じた関係性を結ぶことがあるが、人間関係は固着しない。しかし、それゆえに柔軟に目的的な関係性を結ぶことができるようになるため、むしろ、複雑性が増してくる社会においては弱い紐帯にどのように信頼を付与し、自らのネットワークを拡げていくことに意味があると考えられる（表６−１参照）。

パットナム（二〇〇一、二〇〇六）は、「弱い関係性」「弱連結」がもつ橋渡し機能に注目し、弱い関係性ながら開放的で一般的信頼と互酬性で結ばれている「橋渡し型（bridging）」集団が強い効果を発揮することを報告している。

ところが、現代社会では、自由に情報や人々が行き来し、インターネット上でも大量の情報が一瞬のうちに交換され、多様な人間が交流し出会うことが可能である。こうした複雑系の時代になると、世界はグローバル化が進み、これからの時代、既知の人間関係にばかりに依存して生活していくことはできないし、従来の知識だけでは充分に処理できない問題と出会う場合、どのように解決していけばよいのかという難題が待っている。そのとき、それまでの特定の人間関係における強い関係性ばかりに拘泥していてはシステムが止まってしまう。特定の関係に対する強い信頼から、未知の人間関係や新奇な情報などへの信頼をどのように形成し、関係性を取り結んでいけばよいのだろうか。

次節においては、創発を生む方法について検討を加え、さらにはそれらの方法を活用しながら教育実践の場で創発学級を生むための方法論について考察し提案する。

第3節　創発という概念

ここでは、妹尾（二〇〇七）が提案している創発を生む方法について紹介する。それにもとづいて、創発学級を生みだす方法について考察していく。

（1）創発を生む方法

國領ら（二〇〇六）は、創発概念を、経済領域だけではなく、広く社会的な現象や概念についてまで拡げて考察し、『創発する社会』というすぐれた著書を刊行した。妹尾（二〇〇七）は、国領らの著書に対する書評を慶應大学のSFC研究所ジャーナルに寄稿している。そのなかで、妹尾は、創発性にとって重要な概念は「関係性」であり、社会事象を創発的に生むための実践の方法として次の六つをあげている。少し長い引用になるが、創発性を生み出す際の基本的な解釈の一つとして有効であるので検討する。

妹尾による創発性を生むための六つの実践方法

①第一は、現在創発を生んでいるシステムを構成する**個を取り替える**ことである。

②第二は、現在創発を生んでいるシステムを構成するこの**関係性を変える**ことである。

③第三は、新たなコンセプトの下で、新たなシステムを設計的に構成し、計画的に「**創発**」を起こさせることである。

④第四は、新たなコンセプトの下で、多様な個を集合させ、お互いを関係づけて何らかの「創発」を起こすように導くことである。すなわち誘導的に**新結合**させることである。

⑤第五は、多様な個が相互に関係づけをおこなうような「**場と機会**」を設定して、そこで起こる大小さまざまな「創発」を発見し、そのうちいくつかを取り出して育てることである。

⑥第六は、上記のような「俯瞰的な」アプローチではなく、自らが当事者として何らかの「場と機会」に**入り込み**、その過程のなかで「創発」を起こしていくことである（妹尾、二〇〇七より一部抜粋）。

ここで、妹尾は、『創発する社会』の省察をおこなうと同時に、関係性の概念に注目することで創発を発動させる方法を整理している。先にあげた六つの実践方法は、「システムを動かす」ことに注目した。上記の第一、第二の個の取り替えや関係性の変化は「要素」に注目した変化の仕方を提案したものである。それに対して、第三、第四のシステムの構成やコンセプトの変化は「システムの再構成」を企図したものとなっている。システムおよびその構成要素についての変更が創発を生み出すために重要であると示唆している。第五、第六の場と機会の設定とそこに入り込むアプローチの推奨は「実践者」として自らが介入することでシステムを動かし、創発を生み出すことを提案しているといえよう。

(2) 学級経営に必要な五つのポイント

妹尾による六つの基本的な実践方法を整理してみると、蘭・高橋（二〇〇八b）が学級集団を指導するうえで大きな意味をもつと考え、学級経営指導をおこなう鍵として提唱した五つのポイントと通底する概念がそこにあることに気づく。それは次の五つの視点である。

聴く―Hear　生徒の特徴をつかむために、声を聴くこと。生徒に関する情報を収集すること。

分析―Analysis　生徒の個性を理解し、その特徴について分析し、発達や成長の支援に資するようにする。

活用―application　生徒の複雑な個性を活かす。生徒の多様な個性を活用し、学級集団を活性化する。

場づくり―Environment　生徒の個性が発揮させられるような「場をつくること」が重要である。

意図―Notion　生徒との議論や活動を通して教師の思いや意図を示すこと（蘭・高橋、二〇〇八b）。

この五つの視点は、クランボルツとレヴィン（二〇〇五）のハプンスタンス（happenstance）の概念に対応させ、学級集団の複雑性の力を活用した学級経営のために先の蘭・高橋によって提案されたものである。クランボルツらは、人間のキャリアは予期しない偶然の出来事によって大きく支配されているとしている。そのため、オープンマインドで、そうした予期せぬ出来事（「偶然性」）を柔軟に受け止められるようにしながら、ポジティブに偶然の出来事を活用できるような能力を身に付けておくことが重要であるといっている。そして、ハプンスタンス・アプローチ（計画された偶発性理論、planned happenstance theory）を提唱している。

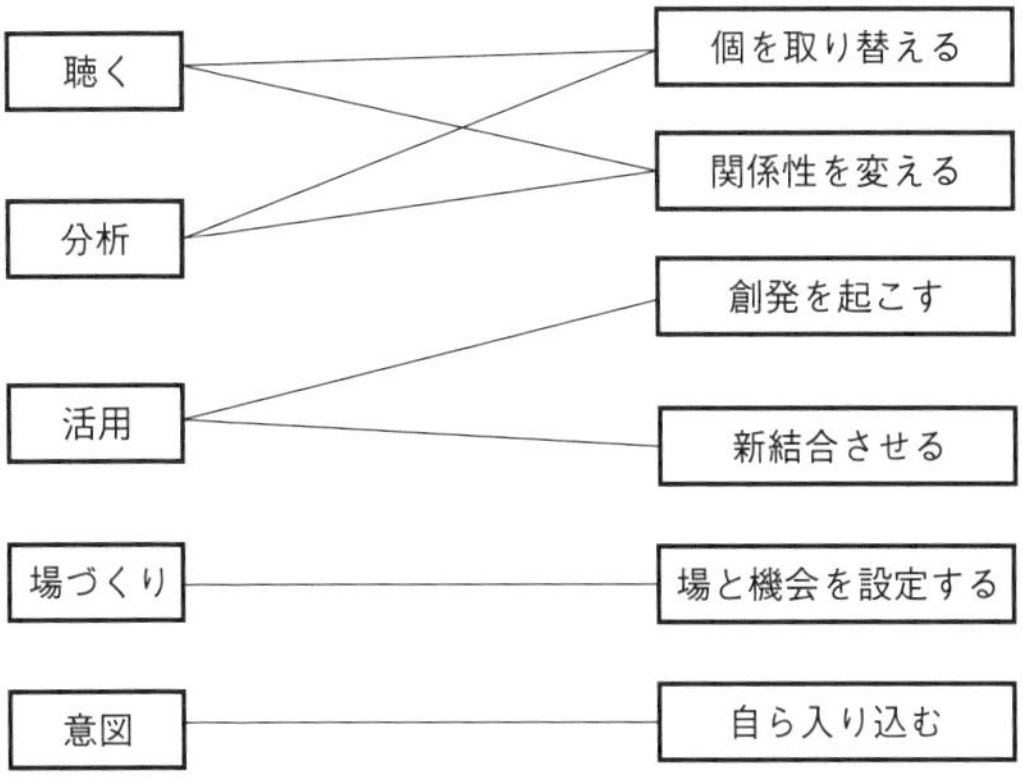

図6－1　妹尾（2007）と蘭・高橋（2008b）の概念比較

先の妹尾の創発性を生む六つの実践方法と蘭・高橋のハプンスタンス・アプローチを参考にした学級経営のための五つのポイントを対応して考えると（図6-1参照）、創発性を生むための方法としてあげられているシステムの構成の変更や関係性の変更についての概念の近似性が浮かび上がる。

両者に通底しているのは、創発を発動させるためには、現状を分析したうえで「変化」を与えることである。固定した状態は安定を生むがそこからは創発は生まれない。こうした変化の重要性は前節や第5章で指摘してきた「弱い紐帯」概念と符合する。変化をもたらすためには、そこに固定的な関係性やそれを生み出す強い紐帯関係からどこかで脱却しなければならないのである。親和的な雰囲気や安心できる学級づくり、ボンディング（結合）型指導は大切なことであるが、そこからさらに集団を揺さぶり、変容をもたらすためには大きくネットワークを動かしていかなければならないのである。スクール・ソーシャル・キャピタルの資源を活用し、創発学級をつくっていこうとするとき、弱い紐帯の強さ、ブリッジング（橋渡し）型指導は不可欠なのである。関係性を動かし、教師－生徒関係、生徒－生徒関係に新たな面がみられたとき、そこに創発は生まれる。

（3）創発学級を生むには

舘岡（二〇〇六）は、管理と支援について、次のように述べている。「過去のように変化や違いが少ない時代には、管理行動は有効であった。現在のように、目標を達成するためには絶えず互いが変化しなくてはならない状況下では、管理行動に出れば、計画の最初の前提が変わることにより、相手を絶えず命令によって変わらせなくてはならないから、すぐに衝突し閉塞してしまう。一方、支援は相手に合わせて自分を変える行動様式なるがゆえに相手が何度変化してもその変化や違いに追随できるのである」（九九頁）。つまり、自己組織的な学級経営を支援的な視点からおこなうことで、自在に変容する自由で活動的な経営ができることを述べている。こうした支援的視点からみる学級経営は自己組織的な学級経営と通底する。

自己組織化にもとづく学級経営とは、全体主義的な管理運営ではなく、個人と個人とが出会い、関係性を取り結ぶなかでおこる葛藤や揺らぎをとおして、自分たちで新たなルールづくりをおこない、自分たちの手で秩序を生み出し、多様な個性を尊重しあうことでノイズや多少の逸脱を排除しない集団づくりであり、学級づくりをおこなうことを指す。

そこでは、管理する制御システムからの制御や教師による一方的な統制を忌避する。生徒と教師の相互のやりとりのなかから生まれるルールや意図、活動に即して集団や活動が組織化されていくのである。権威的な教師に押しつけられる形で共有化されるルールに従うのではなく、集団内の関係づくりによって生み出される意味づけや価値づけによってシステムが再構成され、関係づけが組み替えられていく組織が、学級がイメージされるのだ。

前節で述べた妹尾の指摘にあるように、創発性にとって重要な概念は関係性である。関係性が変容することで創発が生じる。学級に創発を生み出すための関係性の変容はどのようにしたらおこなわれるのだろうか。学級経営に関するこれまでの研究を踏まえながら検討してみると、創発学級の生みだし方の方法は次の四つが考えられる。

（４）創発学級を生みだす四つのポイント

①個人の特性、構成要素を変える。
②関係性を変える。

③場と機会を準備する。
④教師自らが関与することで創発を起こす。
次節で、創発学級を生み出す四つのポイントについて考える。

第4節　創発学級を生むための四つのポイント

(1) 個人の特性、構成要素を変える

他者との関係づくりを変えるとき、個人の特性を変えることは大きな意味がある。たとえば、それまでのA君と違う別の側面を提示することで、周りの人のA君をみる目が変わり、関わり方まで変化する。今までとは違った反応や行動をおこなうことで関係づくりが変わってくると、そこには新しい関係性が生まれることで、創発が起こる。

ラベリング　周りの人のある個人の特性への認知を変える方法としてラベリング（Labeling）がある。学級のなかで、ある種のラベリングが貼られることはよくあることである。「○○は、こういうヤツだ」とのいい方で、個人が集団から同定されてしまう。ときには、それが生徒同士の友人の階層関係のなかに組み込まれてしまうと、悲劇が起こることがある。

たとえば、B君はおとなしい。何も話さない。つまらないヤツだ。なんか気味が悪い。うざい。どうせだれも友だちがいない。B君には何をしてもいい。というような文脈で、いじめが発生したりする。

これは負のラベリング効果の例である。もちろん、正のラベリング効果が生じる場合もある。

個人の変容行動とラベリング　個人が自らの特性を変えようとしても、集団のラベリングがそれを妨害する場合がある。たとえば、先に述べた、普段おとなしいB君が、自らを変えようといろんな努力をしていたとしても、その集団のラベリングがそれを許さない場合がある。その場合、B君は何をしても自分自身を変えられなくなってしまい、その学級は固定化した人間関係が支配する「閉じたシステム」になってしまう。

肝心なのは、変わろうとする個人とそれを認める集団とがあって、初めて個人の特性や集団の構成要素は変化する。いいかえると、個人の特性の変容と「アイツ最近変わってきたなあ」という学級集団内の認識の変容とが揃うことによって、学級内における個人のポジションが変わるとともに、周りの人のその個人への認識の変容につながることになる。それと同時に、そんな個人が集団に影響を及ぼし、システム内の創発を誘発することになる。したがって、その変容は集団に認められることによって初めて変容したことになる。集団内における個人の変容が認識されない集団のなかでは創発は生まれない。

個人の変容とラベリングへの教師の認識と指導のあり方　創発を生むために必要不可欠な関係性の変容をもたらすためには、そうした個人の変容やそれを受容する集団への教師の認識が必要である。「変わった」ことを「変わった」と確かに認めてあげることが個人や集団の変容には必要である。教師にとって、変容に気づくことが重要な役割の一つである。

(2) 関係性を変える

関係性が固定化された集団　個人に対するラベリングが存在するように、一つの集団内における階層性やポジションが固定してしまうことがある。○○の提案には賛成するが、△△の提案には反対だというように、明示的であったり暗黙であったりと、形はいろいろあるが集団のなかでは定位されたポジションが形成されることがよくある。しかも困ったことに一度形づくられた階層を変容させることはなかなか難しい。

学級集団のなかでいじめが集団でおこなわれたり、それが顕現化せずみえにくかったりすることは、こうした関係性が固定化された集団にみられることが多い。そんななかでは、先に述べたように個人が変わろうとしても容易に変わることなどできないのである。

関係性を変える工夫（学習グループづくり、生活グループづくり）　効果的なのは、学級における生徒同士のあいだで階層ができにくくするように関係性を取り結ぶ構成を変えることである。同じような関係性が続くと、そのあいだに関係性が固定化してしまうが、学習グループや生活グループなどのメンバーの構成を変えることで、彼らのあいだの関係性を固定化できないよう工夫することである。

たとえば、授業等の教科別や単元別によって構成される学習グループを変えたり、生活活動におけるグループ構成やそのなかの個人の役割を変えたりすることがそれにあたる。常に、グループ内の役割が固定されているのではなく、活動の目的や形態に応じてグループの構成メンバーや役割を変えたりすることで、関係性を変えるのである。ある活動でリーダーだった生徒が別の活動ではサポート役に回ったりする、そんな状況をイメージするとわかりやすいだろうか。

ともすると、学級担任は「はい、班長」とか「リーダー、○○して」と指示を出してしまいがちになる。それが悪いわけではないがリーダーに対する役割付与が大きいとそれが常態化してしまい、リーダーにとってもフォロワーにとっても固定化した関係性や閉塞感を生みがちになる。生徒同士の人間関係や役割関係を組み替えることで、関係性を動かし、創発的な人間関係を生むきっかけとなるのである。

(3) 場と機会を準備する

多様な個性が関係性を取り結ぼうとしているとき、その関係性が新たな創発を生んでいるという実感や成就感・有用感を味わうことは、次へ向かうエネルギーとなる。創発を生むためには、適切な場と機会を準備し、環境を整備することが求められる。

システムの構成を変えるためには、社会的な実践の場が不可欠である。実践として関係性の変容が必要な場を準備することで「関係性の結び直し」(ノットワーキング)は促進され、生み出された創発は活性化する。学校や教室では、とくにこの点に留意するべきであろう。

学習活動と合唱祭活動、**学習活動とボランティア活動などの実践的連携**　エンゲストローム(一九九九)によれば、「労働現場での学習は、正規の学校教育とは相対的に異なる方法で、その独自な発達のラインを保持していた」はずである。ところが、実践的な活動は現在の教育状況においては十分にその効果を発揮できないでいるという。学校という一つの場にとどまらない、学習や関係性の重要性を訴え、山住（山住・エンゲストローム、二〇〇八）は、「単独の活動システムへの限界を超え、文化的に多様な複数の相異なる組織（たとえば、学校と職場）のあいだの相互作用、ネットワークやパートナーシップ、対話や協働を分析し、新たにデザインすることに向かっている」と指摘している。つまり学習にはそうしたさまざまなシステムから派生する、いわゆる「生きた」課題解決をおこなう学習があり、それは大きな意味があるということである。

教室の学習活動にとどまらない広い意味での学習機会をとらえた活動、たとえば学校行事にみられるイベント的な体育祭や合唱祭、ボランティア活動やサークル活動を効果的に設定していくとどうだろうか。そこには創発を生むきっかけが多く存在することが予想される。既存の教室場面ではみられない、教室の枠を超えた、たとえば他の学級の生徒だったり、先輩や後輩だったり、学校にとっての外部である社会人との連携や相互作用などは多くの新しい関係性を築く可能性を格段に広げるであろう。このことはよく知られていることだし、誰もが経験していることでもある。場面と機会を効果的に設定することが創発学級づくりには求められるといえよう(3)。

（4）教師自ら関与することで創発をおこす

自己組織化する集団としての創発学級であるが、学校教育システムからみるとき、トリガー（ひきがね）としての教師の果たすべき役割は大きい。教師自らがどのように生徒集団のなかに入るのか、しかも一員として。その介入や関与の仕方によって学級集団の性格は大きく異なったイメージ（像）を結ぶであろう。専制的にふるまうのかあるいは放任し生徒に「丸投げ」するのか(4)。教師の指導態度や意図は、創発を生む大きなきっかけともなるし、最大の障壁ともなりうる可能性もある。

教師が自ら関与しながら生徒の自己組織化する学級集団づくりを支援することはそう容易ではない。学校教育の成立の過程に由来する社会的政治的な背景のために、学校は生徒が社会性や道徳を身につける場として位置づけられてきた経緯がある。生徒を一市民となる教育をするが学校の教育課程である。

第5節　おわりに

創発学級は、これからの複雑な時代を乗り越えるための学級経営の一つのカタチである。教師による計画を遵守する管理型の教室はもはや存在が難しい時代になってきている。生徒（を含め周囲の状況や環境）が変化することを想定し、そうした変容にあわせて効果的に自らの活動を変容させ、自己組織的に変容しようとする生徒の支援をおこなう、それが創発学級の目指す教師の姿である。

学級集団指導には大きなパラダイムシフトが望まれているのである。

注

（1）　複雑系に関する研究としては、エリッヒ・ヤンツや河本英夫らがわかりやすい。複雑系の定義に関しては、後述するように井関の定義を紹介したが、概念の展開が複雑であり、研究者によってその定義は変わっている。しかし、そうした曖昧さを含んだ豊穣さが複雑系の科学の特徴の一つであり、なんらその価値を低減させるものでない。

（2）　『場』のもつ力については、清水博や伊丹敬之の研究が参考になる。清水は『場の思想』のなかで、出会いの場づくりがあってこそ、異質な人々の共創が可能になると繰り返し述べている。伊丹も『場の論理とマネジメント』において、「場とは人々がそこに参加し、意識・無意識のうちに相互に観察し、コミュニケーションをおこない、相互に理解し、相互に働きかけ合い、相互に心理的刺激をする、その状況の枠組みのことである」（四二頁）と指摘している。場が創発に与える影響は大きい。

（3）　場や機会を準備することは、人間発達論的にとらえてみても、生徒の発達や学習が違った環境や文化の人間と出会うことによって大きな成長を及ぼす「最近接領域説」とも架橋するであろう。

（4）　教師の指導法の違いによる学級集団の類型化については、蘭・高橋による前掲著の他、一連の研究に詳しい。そこでは学級集団をタイプⅠは創発学級、タイプⅡは放任学級（生徒階層学級）、タイプⅢは安定学級（教師専制学級）、タイプⅣは安心学級（教師リーダーシップ学級）、と名付けて分類している。

引用参考文献

蘭千壽　一九九九『変わる自己変わらない自己』金子書房。
蘭千壽・古城和敬　一九九六『教師と教育集団の心理』誠信書房。
蘭千壽・越良子　二〇一五『ネットワーク論からみる新しい学級経営』ナカニシヤ出版。
蘭千壽・高橋知己　二〇〇六「オートポイエーシスによる事例の再分析」千葉大学教育学部研究紀要、第五四巻、一三五-一三九頁。
蘭千壽・高橋知己　二〇〇八a『自己組織化する学級』誠信書房。
蘭千壽・高橋知己　二〇〇八b『キャリアアップ学級経営力—ハプンスタンス・トレーニング　中学校編—』誠信書房。
蘭千壽・高橋知己　二〇〇九a「「自己組織化する学級づくり」をめざすハプンスタンス型指導の提案」千葉大学教育学部紀要、第五七巻、一八一-一八五頁。
蘭千壽・高橋知己　二〇〇九b「「活動性-主導性」次元からみる学級集団の特性」日本教育心理学会第五一回総会発表論文集、三五六頁。
蘭千壽・高橋知己　二〇一〇「いかにして創発型学級集団は生成されるのか—オートポイエーシスを発動する「公共性」という場（field）—」千葉大学教育学部研究紀要、第五八巻、二三九-二四五頁。
蘭千壽・高橋知己　二〇一一「自己創出を生むコミュニティとしての学級」千葉大学教育学部研究紀要、第五九巻、四四一-四四八頁。
蘭千壽・高橋知己　二〇一四「創発型学級における信頼研究」千葉大学教育学部研究紀要、第六二巻、二三一—二三八頁。
蘭千壽・武市進　一九九二「個別学級集団の個別的研究」日本教育心理学会第三四回総会準備委員会シンポジウム・個別学級集団へのアプローチ（発表資料）
蘭千壽・武市進・小出俊雄　一九九六「教師の学級づくり」蘭千壽・古城和敬（共編著）『教師と教育集団の心理』誠信書

房　七七―一二八頁。
広田君美　一九五八「学級構造」波多野完治他（著）『学級社会の心理（現代教育心理学体系八）』中山書店　三七‐七二頁。
家近早苗・石隈利紀　二〇〇三「中学校におけるコーディネーション委員会に関する研究―A中学校の実践をとおして―」教育心理学研究、第五一巻、二三〇‐二三八頁。
家近早苗・石隈利紀　二〇〇七「中学校におけるコーディネーション委員会のコンサルテーションおよび相互コンサルテーション機能の研究―参加教師の体験から―」教育心理学研究、第五五巻、八二‐九二頁。
稲葉陽二　二〇〇七『ソーシャル・キャピタル―「信頼の絆」で解く現代経済・社会の諸課題―』生産性出版。
石隈利紀　一九九九『学校心理学―教師・スクールカウンセラー・保護者のチームによる心理教育的援助サービス』誠信書房。
伊藤亜矢子　二〇〇〇「教師発達と学級経営」日本教育心理学会自主シンポジウム二二。
伊藤亜矢子　二〇〇三「スクールカウンセリングにおける学級風土アセスメントの利用―学級風土質問紙を用いたコンサルテーションの試み」心理臨床学研究、第二一巻、一七九‐一九〇頁。
伊藤亜矢子・松井仁　一九九八「学級風土研究の意義」コミュニティ心理学研究、第二巻、五六‐六六頁。
伊藤亜矢子・松井仁　二〇〇一「学級風土質問紙の作成」教育心理学研究、第四九巻、四四九‐四五七頁。
伊丹敬之　二〇〇五『場の論理とマネジメント』東洋経済新報社。
井関利明他（編著）二〇〇八『創発するマーケティング』日経ＢＰ企画。
桂木隆夫　二〇〇五『公共哲学とはなんだろう』勁草書房。
加藤弘通　二〇〇七『問題行動と学校の荒れ』ナカニシヤ出版。
大渕憲一・菅原郁夫（監訳）二〇〇〇『多元社会における正義と公正』ブレーン出版。
金井壽宏　一九九一『変革型ミドルの探求』白桃書房。
狩野素朗　一九八五「コンデンセーション法による大局的構造特性の集約」実験社会心理学研究、第一一巻、一一七‐一三二頁。
河村茂雄　一九九八『たのしい学校生活を送るためのアンケートQ―U（小・中・高校生用）』図書文化社。

河村茂雄　二〇〇六　『学級づくりのためのQ—U入門——「楽しい学校生活を送るためのアンケート」活用ガイド』　図書文化社。
河本英夫　一九九五　『オートポイエーシス』　青土社。
國領二郎（編著）　二〇〇六　『創発する社会』　日経BP出版センター。
近藤邦夫　一九九五　「スクールカウンセラーと学校臨床心理学」　村山正治・山本和郎（編）　『スクールカウンセラー——その理論と展望——』　ミネルヴァ書房　一二—二六頁。
三隅二不二　一九七八　『リーダーシップの行動の科学』　有斐閣。
三隅二不二・吉崎静夫・篠原しのぶ　一九七七　「教師のリーダーシップ行動測定尺度の作成とその妥当性の研究」　教育心理学研究、第二五巻、一五七—一六六頁。
根本橘夫　一九八三　学級集団の構造と学級雰囲気およびモラールとの関係　教育心理学研究、第三一巻、二一一—二一九頁。
根本橘夫　一九八九　学級集団における社会心理学的風土の多次元的研究—問題点と主要な知見　千葉大学教育学部研究紀要第一部、第三七巻、三九—五四頁。
日本総合研究所　二〇〇八　「日本のソーシャル・キャピタルと政策—日本総研二〇〇七年全国アンケート調査結果報告書」。
新元朗彦・蘭千壽　二〇一六　「関係性攻撃低減のためのECR班導入の検討」　学校心理学研究、第一五巻第一号、一—一三頁。
西口敏宏　二〇〇九　『ネットワーク思考のすすめ—ネットセントリック時代の組組戦略』　東洋経済新報社。
小川一夫（編著）　一九七九　『学級経営の心理学』　北大路書房。
大西彩子　二〇一五　『いじめ加害者の心理学—学級でいじめが起こるメカニズムの研究』　ナカニシヤ出版。
斎藤純一　二〇〇〇　『公共性』　岩波書店。
坂田正三　二〇〇一　「社会関係資本と開発—議論の系譜—」　佐藤寛（編）　『援助と社会関係資本—ソーシャル・キャピタル論の可能性—』　アジア経済研究所　一八—二〇頁。
佐々木毅・金泰昌他（編）　二〇〇一—二〇〇六　『公共哲学シリーズ　全二〇巻』　東京大学出版会。
佐藤　学　二〇〇〇　『「学び」から逃走する子どもたち』　岩波書店。

サトウタツヤ　二〇〇六　発達の多様性を記述する新しい心理学方法論としての複線径路等至性モデル　立命館人間科学研究、第一二巻、六五-七五頁。

清水博　二〇〇三　『場の思想』　東京大学出版会。

関口倫紀・林洋一郎　二〇〇九　「組織的公正研究の発展とフェア・マネジメント」　経営行動科学、第二二巻第一号、一-一二頁。

妹尾堅一郎　二〇〇七　『創発する社会』に対する書評　KEIO SFC JOURNAL、第七巻、一四二-一四五頁。

田中熊次郎　一九七〇　『ソシオメトリー入門』　明治図書。

舘岡康雄　二〇〇六　『利他性の経済学―支援が必然となる時代へ―』　新曜社。

山岸俊男　一九九九　『安心社会から信頼社会へ―日本型システムの行方』　中央公論社。

山住勝広・ユーリア・エンゲストローム（編著）　二〇〇八　『ノットワーキング―結び合う人間活動の創造へ』　新曜社。

山脇直司　二〇〇四　『公共哲学とは何か』　筑摩書房。

吉田秀美　二〇〇一　「社会関係資本とマイクロファイナンス―ベトナムを事例に―」　佐藤寛（編）『援助と社会関係資本―ソーシャル・キャピタル論の可能性』　アジア経済研究所　一五〇頁。

Axelrod, R., & Cohen, M. D. 1999 *Harnessing complexity*. The Free Press.（ロバート・アクセルロッド&マイケル・コーエン（著）　高木晴夫（監訳）　寺野隆雄（訳）　二〇〇三　『複雑系組織論』　ダイヤモンド社）

Engeström, Y. 1986 *Learning by expanding: An activity-theoretical approach to developmental research*. Helsinki: Orienta-Konsultit.（ユーリア・エンゲストローム（著）　山住勝広他（訳）　一九九九　『拡張による学習』　新曜社）

Krumboltz, J. D., & Levin, A. S. 2004 *Luck is no accident*. Impact Publishers.（J・D・クランボルツ&A・S・レヴィン（著）　花田光世・大木紀子・宮地夕紀子（訳）　二〇〇五　『その幸運は偶然ではないんです』　ダイヤモンド社）

Granovetter, M. 1973 The strength of weak ties. *American Journal of Sociology, 78*, 1360-1380.

Granovetter, M. 1985 Economic action and social structure: The problem of embeddedness. *American Journal of Sociology, 91*, 481-510.（M・グラノヴェター（著）　渡辺深（訳）　一九九八　「経済行為と社会構造：埋め込みの問題」　『転職―ネットワークとキャリアの研究』　ミネルヴァ書房　二三九-二八〇頁）

Lave, J., & Wenger, E. 1991 *Situated learning: Legitimate peripheral participation.* Cambridge: Cambridge University Press.（J・レイヴ&E・ウェンガー（著） 佐伯胖（訳） 一九九三 状況に埋め込まれた学習―正統的周辺参加 産業図書）

Lewin, K., Lippit, R., & White, R. K. 1939 Patterns of aggressive behavior in experimentally created climates. *Journal of Social Psychology, 10*, 271–299.

Luhmann, N. 1973 *Vertrauen: Ein Mechanismus der Reduktion sozialer Komplexität.* 2nd ed. Stuttgart: Enke.（N・ルーマン（著） 大庭 健・正村俊之（訳） 一九九〇 信頼―社会的な複雑性の縮減メカニズム 勁草書房）

Narayan, D. 1999 *Bonds and bridges: Social capital and poverty.* Poverty Group, PREM, The World Bank.

Putnam, R. D. 1993 *Making democracy work: Civic traditions in modern Italy.* Princeton: Princeton University Press.（ロバート・D・パットナム（著） 河田潤一（訳） 二〇〇一 『哲学する民主主義』 NTT出版）

Putnam, R. D. 1995 Bowling alone: America's declining social capital. *Journal of Democracy, 6*(1), 65-78.（ロバート・D・パットナム（著） 柴内康文（訳） 二〇〇六 『孤独なボウリング』 柏書房）

Sen, A. 1992 *Inequality reexamined.* Oxford: Oxford University Press.（アマルティア・セン（著） 池本幸生・野上裕生・佐藤仁（訳） 一九九九 不平等の再検討：潜在能力と自由 岩波書店）

Tyler, T. R. 1997 *Social justice in a diverse society.* Boulder, CO: West-view Press.（トム・R・タイラー（著） 大渕憲一・菅原郁夫（監訳） 二〇〇〇 多元社会における正義と公正 ブレーン出版）

Uslaner, E. M. 2003 Trust in the knowledge society. Prepared for the Conference on Social Capital, Cabinet of the Government of Japan, March 24-25, Tokyo.（E・M・アスレイナー（著） 西出優子（訳） 二〇〇四 「知識社会における信頼」 宮川公男・大森隆（編）『ソーシャル・キャピタル―現代経済社会のガバナンスの基礎』 東洋経済新報社 一一三―一五四頁）

Wenger, E., McDermott, R., & Snyder, W. M. 2002 *Cultivating communities of practice.* Harvard Business School Press.（E・ウェンガー、R・マクダーモット、&W・M・スナイダー（著） 野村恭彦（監修） 櫻井祐子（訳） 二〇〇二 『コミュニティ・オブ・プラクティス』 翔泳社）

World Bank 2000 *World development report 2000/2001: Attacking poverty.* New York: Oxford University Press.

人名索引

事項索引

著者紹介

蘭　千壽（あららぎ　ちとし）
1949年生まれ。
千葉大学名誉教授。千葉大学グランドフェロー。
九州大学大学院教育学研究科博士課程修了。教育学博士。学校心理士 SV.
九大助手、上越教育大学助教授、防衛大学校教授、千葉大学教授（兼）東京学芸大学大学院連合学校教育学研究科（博士課程）教授を歴任。

高橋知己（たかはし　ともみ）
1962年生まれ。
上越教育大学大学院学校教育研究科学校臨床研究コース（生徒指導総合）准教授。
上越教育大学大学院教育学研究科修了。学校心理士。
岩手県公立小学校教員を経て現職。

創発学級のすすめ
自立と協同を促す信頼のネットワーク

2016年３月30日　　初版第１刷発行　　定価はカヴァーに表示してあります

著　者　蘭　千壽
　　　　高橋知己
発行者　中西健夫
発行所　株式会社ナカニシヤ出版
〒606-8161　京都市左京区一乗寺木ノ本町15番地
Telephone　075-723-0111
Facsimile　075-723-0095
Website　http://www.nakanishiya.co.jp/
Email　iihon-ippai@nakanishiya.co.jp
郵便振替　01030-0-13128

装幀＝白沢　正／印刷・製本＝亜細亜印刷
Printed in Japan.

ISBN978-4-7795-1017-5